非上場株式取引の法務・税務

相続・事業承継編

Legal and Tax Aspects of Transactions involving Private Company Shares

弁護士・税理士　小山 浩
税理士　間所 光洋
弁護士　髙橋 悠
飯島 隆博
末長 祐
山岡 孝太　著

税務経理協会

はじめに

非上場株式は転々流通することが想定されておらず、実務上も、非上場株式が取引されることは多くはありませんでした。しかし、近時、団塊の世代の引退に伴い、後継者に対して非上場株式を移転する例や、後継者不足等を背景にしたM&Aも多く目にするようになりました。事業承継・引継ぎ支援センターを運営する独立行政法人中小企業基盤整備機構が公表した統計によると、M&A成約件数は年々増加の一途を辿り、2021年度は1,514件と過去最高を記録しています。また、相続・相続税対策やグループ内での連携強化の一環として、株式を集約したり、また、分散させたりする例も見受けられます。

このように、非上場株式が取引される例が増加しつつあるにもかかわらず、非上場株式の取引に特化した法務・税務の解説書が少なく、かつ、個人が法人に非上場株式を譲渡した場合に生じ得る「一物二価」の問題など、解決されていない税務上の論点も多数存在しており、不安を抱えながら取引を実行したり、アドバイスされたりしているという実情があります。

本書では、日常的に非上場株式取引を取り扱っている弁護士・税理士が実務上の知識・経験を踏まえて、M&Aを含む事業承継の局面における非上場株式取引の法務・税務について解説を試みております。やや異例ではありますが、まずは具体的な事例で理解を深めていただくため、第１部において、非上場株式を集約する場合（第１章）と、反対に、非上場株式を分散させる場合（第２章）という実務上頻繁に生じる取引類型について法務・税務上の説明をしています。具体的な事例を前提として、非上場株式取引の法務・税務上の論点を理解していただいた上、その後の第２部において、非上場株式取引について体系的な説明をすることで、知識の整理ができるように工夫しております。

本書は、主として、非上場会社である中小企業に対してアドバイスをしている弁護士や税理士といった専門家の方々や、中小企業に対してコンサルティング業務を行っている金融機関の方々がストラクチャーを検討したり、クライアントである中小企業のオーナー等に説明したりする際に参考にしていただくことを想定しております。中小企業において相続や事業承継が円滑に行われ、企業のリソースを事業活動に集中できるようになれば、会社関係者の幸福のみならず、地域経済、ひいては日本経済の発展にも役に立てるのではないかと考えております。本書がその一助になれば幸いです。

本書の執筆に当たり、細心の注意を払ったつもりですが、もしお気づきの点があれば、ご指摘いただきたいと考えております。最後に、本書の企画・構成に至るまで的確かつ有益なアドバイスを頂いた税務経理協会の吉冨智子様、校正作業などにご協力いただいた田中里実さん、細谷恵理香さんに、この場を借りて、御礼申し上げます。

なお、本書に記載されている見解は、筆者らの個人的な見解であって、筆者らの所属する法律事務所や過去に所属した組織の見解ではないことを付言致します。

令和５年４月

森・濱田松本法律事務所
パートナー弁護士・税理士　小山　　浩
パートナー税理士　間所　光洋

Contents

凡　例

本文中で使用している法令等の略語は、以下のとおりです。

法令及び通達等	略語表記
会社法施行規則	会社規
会社法計算規則	会社計規
金融商品取引法	金商法
金融商品取引法施行令	金商令
法人税法	法法
法人税法施行令	法令
法人税基本通達	法基通
所得税法	所法
所得税法施行令	所令
所得税基本通達	所基通
相続税法	相法
相続税法施行令	相令
相続税法基本通達	相基通
財産評価基本通達	財基通
消費税法基本通達	消基通
租税特別措置法	措法あるいは措置法
租税特別措置法施行令	措令
租税特別措置法施行規則	措規
租税特別措置法関係通達	措通
中小企業における経営の承継の円滑化に関する法律	経営承継円滑化法
一般社団法人及び一般財団法人に関する法律	法人法
私的独占の禁止及び公正取引の確保に関する法律	独禁法
外国為替及び外国貿易法	外為法
外国為替令	外為令
対内直接投資等に関する政令	直投令
対内直接投資等に関する命令	直投命令
外国為替の取引等の報告に関する省令	報告省令
医薬品、医療機器等の品質、有効性及び安全性の確保等に関する法律	薬機法

【例】会社法第461条第１項第６号　⇒　会社法461①六

第1章

非上場株式を集約する・買い集める

非上場会社において、非上場株式（以下、特に断りのない限り、「株式」は非上場株式を意味するものとする）が分散している場合、様々な理由から、大株主によって集約・買集めが行われることがある。かかる集約・買集めは、少数株主（少数派株主、マイノリティ株主）から任意に集約・買集めを行う場合と、任意に集約・買集めを行った上で強制的に少数株主を排除する場合（いわゆるスクイーズアウト取引）に大きく分かれる。

そこで、以下では、大株主による株式集約・買集めが必要である場合を整理した上（下記01）、任意の買集め（下記02）とスクイーズアウト取引（下記03）の法務・税務上の注意点を解説する。

株式集約・買集めが必要な場合 01

非上場会社においては、株主である創業者一族に相続が発生したり、相続税対策のために取引先や従業員に対して株式を譲渡したりすることによって、株式が分散していることが多い（意図的に株式を分散する手法については、第２章参照）。

しかし、大株主にとって、以下のような理由から、いったん分散してしまった株式を買い集めて集約したいというニーズが生じることもある。

①　少数株主との紛争予防 ②　会社運営の円滑化 ③　将来のM&Aの準備

このような株式の集約・買集めは、大株主のニーズではあるものの、会社にとっても株式の集約によって紛争が予防され、また、会社運営の円滑化・効率化が見込まれる場合もあり得る。

1　少数株主と紛争予防

会社法上、株式会社の最終的な意思決定⑴は株主総会の多数決で行われる。そのため、少数株主は株式会社の意思決定を左右することができないのが原則である。しかし、会社法上、持株数や持株割合などの一定の要件に応じて少数株主にも様々な権利が与えられている。代表的なものを挙げると、以下の表のとおりである（なお、以下の表においては便宜上保有期間要件の記載欄を設けているが、少数株主の存在する非上場会社は公開会社でないことが一般的であり、公開会社でない株式会社の場合には、いずれの権利・権限についても保有期間に係る要件は課されていない）。

⑴　取締役会設置会社の株主総会は原則として法律上定められた事項に関する意思決定、取締役会非設置会社の株主総会は一切の事項に関する意思決定を行うことができる（会社法295①、②）。

持株（議決権）要件	保有期間要件	主な権利・権限
１株	なし	議案提案権 各種無効・差止めの訴え
	公開会社である取締役会設置会社の場合(2)、６か月	株主代表訴訟の提起
議決権の１％以上又は300個以上(3)	公開会社である取締役会設置会社の場合(4)、行使前６か月	議題提案権
議決権の３％以上又は発行済株式総数の３％以上	なし	会計帳簿閲覧請求権
	検査役選任請求権について、公開会社である取締役会設置会社の場合(5)、６か月	検査役選任請求権
議決権の３％以上	公開会社である取締役会設置会社の場合(6)、行使前６か月	株主総会招集権

そのため、少数株主がこれらの権利を行使する場合には、当然のことながら、株式会社は会社法上の定めに基づきこれらに対応しなければならないこととなるし、そのために相応のコストを負担しなければならない場面も十分にあり得る(7)。また、仮に株式会社の取締役が、少数株主によるかかる権利

(2)　会社法847①、②
(3)　ただし、取締役会設置会社である場合に限る（会社法303②）。
(4)　会社法303②、③
(5)　会社法306②
(6)　会社法297①、②
(7)　例えば、非公開の株式会社の株式を１株しか保有しない株主であっても、当該非公開の株式会社に対して、一定の行為をやめるよう請求することができるとされている（株式募集差止請求権（会社法210）、取締役の違法行為差止請求権（同360）、組織再編差止請求権（同784の２・796の２・805

の行使にもかかわらず適切な対応を怠れば、善管注意義務違反を構成することとなり得る。

非上場会社においては、株主が親族であることがほとんどであり、親族関係と株主としての立場が複雑に絡み合い､利害対立が先鋭化することが多く、親族関係のもつれによる紛争（遺産分割、遺留分侵害額請求、離婚に伴う財産分与請求等）が、会社法上の少数株主権の行使として株式の発行会社との関係で、現れることもある。このような事態に至った場合には、発行会社の経営陣は、紛争解決に会社のリソースを割かざるを得ず、企業価値が毀損されるおそれが生じることになる。

2　会社運営の円滑化

株式の集約・買集めには、これによる手続の省略・簡略化等を通じた、会社運営の円滑化・効率化を期待することもできる。

(1)　手続の省略・簡略化

会社法上、株主全員の同意により、本来必要である手続を省略・簡略化できる場合が定められている。実務的には、かかる手続の省略・簡略化に依拠することにより、必要な手続に要する時間を短縮したり、また、費用を節約したりすることが広く行われている。

このような手続の省略・簡略化の制度として実務上よく用いられるものの一例としては、株主総会の決議の省略（書面決議、みなし決議）がある。これは、株主総会の目的である事項についての提案につき株主の全員が書面又は電磁的記録により同意の意思表示をしたときは、株主総会の決議を省略できる（会社法319）という制度である。しかし、かかる同意の意思表示を拒

の２))。そのため、株主がこれらの請求のために訴訟を提起した場合、株式会社は、訴訟対応を行わなければならないこととなる。

む少数株主が一株でも存在する場合、株主総会の決議を省略できない。その場合、原則に立ち返って、会社法に定められた招集手続を履践したうえで、株主総会を開催しなければならない。

(2) 取締役の善管注意義務との関係

会社法上、取締役を選任するに際しては、１人ずつ別々の議案が株主総会において諮られ、決議が行われることになる(8)。したがって、株式会社に少数株主が存在したとしても、原則として、議決権の過半数を有する株主が賛成する候補者のみが、当該株式会社の取締役として選任されることとなる(9)。

しかし、株式会社の取締役は、仮に大株主に指名された者であっても、少数株主を含む株主全体に対して善管注意義務を負うことになる。すなわち、少数株主が存在する場合には、株式会社の取締役は、大株主に指名され事実上その影響のもとにある可能性が類型的に高い者でありながら、少数株主を含む株主全体の利益に配慮しなければならないこととなり、いわば利益相反的な立場に立つことになる。仮に少数株主との間で紛争が生じれば、会社の取締役に生ずる負担は決して小さくはないため、このような立場にある取締役は、自らの行為が善管注意義務に違反するものでないか（あるいは、そのような指摘を少数株主から受ける可能性がないか）、常に注意を払わなければならないこととなる(10)(11)。

---

(8) 取締役の選任については、株式会社の株式を１株でも保有する株主は、累積投票（株式会社の株主の有する株式１株につき株主総会において選任する取締役の数と同数の議決権を有するものとし、同一の候補者に重複して投票を行うことができるとしたうえで、投票の最多数を得た者から順次取締役に選任されたものとする方法）を採用するよう請求することができる（会社法342）。しかし、株主の累積投票請求権については定款で排除されることができるとされており（会社法342①）、また、実際にも定款において排除されることが多いため、累積投票の制度は実務的にはほとんど用いられない。

(9) スタートアップ企業やジョイントベンチャーにおいては、株主間で締結される契約や定款上の種類株主総会の定めにより、少数株主が一定数の取締役を指名することとされている場合がある。

(10) １株でも非公開会社の株式を保有する少数株主が、取締役の行為が善管したがって、取締役による大胆かつ迅速な経営判断を実行するために、少数株主を排除する必要がある場合も想定される。

3　M&Aの事前準備のため又はM&Aとして行われる買集め

少数株主の存在する株式会社の大株主が、その保有する株式を第三者である買主に譲渡しようとする局面において、会社運営の円滑化・紛争予防の観点から、また、自己が投下したリソースからのリターンを唯一の株主として独占する目的で、買主が、当該大株主の保有する株式のみならず、少数株主からも株式を取得し、買収後の発行会社の株式の全部を保有したいと考える場合がある。

その場合、売主側である大株主が各少数株主からの集約・買集めを行うか、それとも買主側が各少数株主からその有する株式を直接買い取るのか、という点が問題となる（なお、ある少数株主が売却に任意に応じないとき、どのように対応できるかについては、下記03を参照)。以下では、このような場面における買主（買収者）と売主（大株主）のそれぞれの立場からの考慮要素について検討する。

(1)　買主（買収者）側の視点

一般的に、買主は株式会社の少数株主とは関係性を有しないことが多く、そのような買主が少数株主にコンタクトして株式を買い取ることは容易でない。特に、買主が少数株主にとってなじみの薄い投資ファンドであったり、

注意義務違反に該当する可能性があると考えた場合、会社法847条の規定に従い、取締役等に対して責任追及等の訴えを提起するよう会社に対して求めることができ（会社法847①)、株式会社が責任追及等の訴えを提起しないときは、当該少数株主自らが株主代表訴訟を提起することができる（会社法847②)。

(11)　なお、我が国においては、日本の会社法上は、支配株主が少数株主に対して忠実義務を負うとは通常は考えられていない（落合誠一編『会社法コンメンタール8－機関（2)』（商事法務、2009年）57頁〔近藤光男〕)。

外国人・外国法人であったりする場合には、少数株主がコミュニケーションを躊躇することもあろう。売主側が事前に各少数株主から株式を買い集め、それを買主に一括して譲渡するストラクチャーをとる場合、買主は、関係性の薄い多数の者から株式を買い集める負担を回避できることとなるから、買主にとっては負担が小さく好都合である。

また、売主側が事前に譲渡株式を集約する場合、（それが合理的であるか否かは別論として、）買主側にとっては、売主による買集め・集約以前に少数株主が保有していた部分についての責任を、事実上、売主側の大株主に負担させやすいというメリットがある⑿。

一方で、買主自らが分散した株主から株式を買い集める場合、個々の少数株主からの株式譲受行為の適法性・有効性を自ら確保できる。すなわち、仮に株式譲渡取引に不慣れな売主側に株式の集約を任せた場合には、当該売主側が株式の買い集めを行うにあたって手続的な瑕疵が紛れ込み、このことが後で問題となる可能性がある⒀。買主が自ら少数株主から株式を買い集める場合、自らが譲渡手続の一方の当事者として適法性・有効性をチェックすることができる。この点はメリットとして指摘できよう。

⑵　売主（大株主）側の視点

少数株主からの集約を行った売主が、少数株主からの買取時の価格よりも高い価格で買主に対して株式を譲渡できる場合、当該売主は譲渡益を享受できる（但し、法務上は少数株主から詐欺・錯誤の主張がなされるリスクもあり、かつ、税務上も低額譲渡のリスクが生じる可能性もある⒁）。

⑿　例えば、売主と買主の間の株式譲渡契約において、売主の当初の株式保有割合に限定せずに売主に対して補償責任を負担させるような交渉が行われやすい。

⒀　例えば、株券発行会社で株式譲渡に際して株券が交付されていなかった、株式譲渡の承認の手続が行われていなかった等、会社法上の手続の不履践のために株式譲渡の有効性に疑義が残ったり、あるいは売主側による株式の買集め時に欺罔行為や錯誤が介在したことを理由に株式譲渡を取り消すとの主張を受けたりするような事態があり得る。

一方で、特に具体的な買主を想定して売主側において株式を集約しようとする場合、売主となる大株主にとっては、株式を集約したにもかかわらず買主に対する譲渡が実現しないリスクが存在する。買主から支払われる株式譲渡代金を少数株主に対する譲渡代金の支払に充てることを想定していた場合は、当該譲渡代金を調達しなければならないという事態にもなり得る(15)。買主が少数株主保有分を自ら買い取るのであれば、売主はこのような、いわばはしごを外されるリスクからは解放されることになる。

また、M&Aに反対する少数株主が存在し、スクイーズアウト取引を行わなければならない場合等、難易度の高い取引を実施することが必要となるときには､売主がそのような取引を行うことは荷が重いということがあり得る。そのような場合は、むしろM&Aの経験を豊富に有する買主側が当該取引の当事者となることが合理的である場合も多いように思われる。

---

(14)　下記O2の２参照。

(15)　そのため、売主側で少数株主からの株式の買集めを行なわなければならない場合、当該買集めに係る株式譲渡の実行のタイミングについては特に慎重に検討をすべきである。売主側の集約と買収者への譲渡を可能な限り近接させる（理論的には前者を後者の直前に行うことも可能である）、あるいは、売主側による少数株主からの株式譲受けに係る契約において、買収者への譲渡が実現しなければ、当該譲受けを解除できるような合意をしておくことになろう。

任意の買集め　02

大株主が任意に少数株主から非上場株式を買い集める場合、そもそも個人で買集めを行うか、資産管理会社等の法人で買集めを行うかを検討する必要がある（下記１）。さらに、買集めの方法として、少数株主と個別に交渉する方法（下記２）と、少数株主に対して一斉に買取りを通知する方法（下記３）に大きく分かれる。さらに、任意に買い集める場合には、法務・税務上の注意点が存在する（下記４）。

１　買集め主体の問題

特に個人である大株主が、将来、株式を譲渡すること（M&A）を目的として、少数株主の保有する株式の集約を行う場合、自ら当該集約を行う主体となるか、あるいは法人を設立し当該法人をして集約を行わせるかは論点となり得る。

個人が少数株主から株式を買い集め、その後、発行会社の買収者に対して買い集めた株式も含めて譲渡したとき、当該個人において譲渡益が発生すれば、当該譲渡益については他の所得の金額と区分して税金を計算する申告分離課税の対象となり、税率として20.315%が適用される（第２部第１章02の２⑴参照）。一方で、法人が少数株主から株式を買集め、これを買収者に対して譲渡したとき、当該法人において譲渡益が発生すれば、当該譲渡益については通常の税率により法人税が課される。法人税の実効税率は、通常、20.315%を上回るため、この税率の違いだけを見れば、個人が集約する場合よりも、譲渡益に対して課される税額は多額となり得る。

一方で、法人をして集約を行わせる場合、集約した株式を買収者に対して譲渡する前に法人が発行会社から剰余金の配当等を受けた後に、集約した株式を譲渡する方法をとることができる⒃。この場合、当該配当等の額は益金

⒃　個人が非上場会社から受ける配当金については、原則として総合課税の対象となる（配当所得については、20.42%の税率により、源泉徴収の対象となる。また、配当控除として一定額の税額控除も認められている）。

不算入制度の対象となり、かつ、第三者に対する株式譲渡に際して生じる譲渡損益に関しては、配当等の額に相当する額だけ譲渡価格の総額が減少することになるため、譲渡益が減少し又は譲渡損が発生するという現象が生じる（第２部第１章03の２(1)参照）。その結果、かかる集約から株式譲渡までの一連の取引の結果として発生する税額が、個人が買い集めた場合に比して低額となることがあり得る(17)。しかし、法人が配当等の基準日等以前1か月以内に取得し、かつ当該基準日等の後2か月以内に当該配当等の元本である株式又は当該株式と銘柄を同じくする株式を譲渡した場合、益金不算入制度の対象とならないため（法法23②）、法人が株式を集約した後で配当等を受け、その後株式を譲渡しようとする場合は、当該規定の適用が及ばないよう注意する必要がある(18)。

また、上記と異なり、買集めの後に譲渡することを目的としない株式の集約であったとしても、買集めの主体は問題となる。まず税務上、純然たる第三者間の売買と認められる場合を除き、個人間における非上場株式の時価は相続税評価額、買主が法人である場合には法人税法上の時価が基準とされる。一般に、法人税法上の時価は、法人税等相当額の37％控除が利用できない等の理由から相続税評価額よりも高額となる傾向があるため、譲渡価格（税務上の時価）の観点からも、買集め主体を検討する必要がある。

そのため、個人が非上場株式を第三者に対して譲渡しようとする局面において、当該譲渡の前に当該非上場会社に対して配当を支払わせることは税務上非効率である場合が多い。

(17)　詳細については、大石篤史ほか編『税務・法務を統合したM&A戦略』（中央経済社、第３版、2022年）72頁以下参照。

(18)　本文記載のように発行会社から剰余金の配当等を受ける代わりに、発行会社に対して集約した株式を自己株式取得させる方法も考えられるが、法人が新たに買い集めた株式を自己株式取得させて生じたみなし配当の額については益金不算入制度を利用できない。みなし配当が生じる取引を予定して株式を取得した場合、当該取引によりみなし配当額が生じたとしても、益金不算入制度の対象とならないためである（法法23③）。したがって、法人が発行会社の株式の集約後に自己株式取得を行わせてから株式譲渡を行ったとしても、一連の取引の結果として発生する税額は圧縮できない場合が多いと考えられる。

しかも、発行会社が配当を行う会社であれば、個人に対する配当課税と法人に対する配当課税では税負担が異なるため、どちらが買集め主体となるべきかを検討する必要がある。さらに、株式取得資金を融資で賄う場合、実務上、金融機関は個人に対して株式取得資金の融資を行うことは少ないため、法人を買集め主体とせざるを得ない。

以上のとおり、個人である大株主が少数株主の保有する株式の集約を行う場合、法人をして株式の集約を行わせることとするか否かについては、税務上の効果や取得資金の原資などの要素も勘案の上、決定することとなる。

2　個別交渉による買集め

大株主が少数株主の保有する株式を買い集めようとする場合、大株主と友好的な関係のある株主や、一定規模の株式を保有しており株式の譲渡に応じることが期待できる株主に対しては、個別に株式の譲渡を打診することが多い。個別交渉による買集めで最大のポイントとなる事項は、譲渡価格をどのように設定するかという点である。

第２部第２章02の２のとおり、譲渡価格が適正な時価ではなかった場合には、売主及び買主ともに税務上のリスクを負うことになる。真摯な交渉の結果、株主ごとで譲渡価格に差が生じることは税務上許容される可能性があるものの、税務上の時価と実際の譲渡価格に大きな乖離が生じる場合には税務リスクがある。

また、M&Aの事前準備の場合、予定されているM&Aの譲渡価格と買集めの価格を同一にするかという問題がある。

まず、法務の観点からすると、M&Aの譲渡価格が買集め価格よりも高額であった場合、個別交渉により譲渡を行った友好的な株主から、錯誤又は詐欺と主張されるリスクがある。また、税務の観点からも、上記のような税務リスクに加えて、特に、発行会社株式の適正な時価はM&Aの譲渡価格であって、買集め価格が低額譲渡であると税務当局から指摘され、買集めを行った大株主に贈与税や受贈益が課税されるリスクがある。

したがって、個別交渉による買集めを行う場合、専門家から、法務・税務上のアドバイスを受けながら、他の少数株主への情報拡散にも注意しつつ、慎重に進める必要がある。

3　一斉通知による買集め

大株主が少数株主の全員を知っている場合には、上記のとおり、個別にコンタクトして売却の交渉をすることができる。しかし、大株主がコンタクトしたことのない株主が多数存在する場合（典型的には、相続により株式を取得するに至った者が多数いる場合）には、それらの少数株主に対して一斉に発行会社の株式を売却してほしい旨の通知を行い、買集めを行うことがある。このような買集めについて、発行会社が上場会社のような有価証券報告書を提出している会社である場合には、金融商品取引法上の公開買付け規制（金商法27の２）を受けるが、他方で、有価証券報告書を提出していない非上場会社の場合には、当該規制の適用を受けない。

しかし、一斉通知による買集めは、実務上、公正・適正な手続の確保を目的として、公開買付けの手続を参考に進められることが多い。

(1)　株主の住所の把握

一斉通知をするためには、発行会社の株主の氏名及び住所を把握する必要がある。そこで、大株主は、発行会社の株主名簿の閲覧・謄写を請求する必要がある（会社法125②）。発行会社の経営陣が大株主と友好的な関係であれば、株主名簿の閲覧・謄写には特に支障は生じないが、発行会社の経営陣が大株主と敵対的な関係にあったり、経営陣が大株主による買集めに反対の立場であれば、発行会社から、会社法125条３項に掲げる理由をもって、閲覧・謄写を拒否される可能性がある。その場合、大株主は、発行会社を被告として、株主名簿の閲覧謄写請求訴訟を提起する必要がある。

⑵　発行会社との関係―構造的利益相反と情報の非対称性の解消

大株主が買集めを行う場合、発行会社の取締役と一般株主との間において、構造的な利益相反が生じる。大株主としては、買集め価格が低い方が望ましいのに対し、一般株主としては、買集め価格が高い方が望ましい。発行会社の取締役としては、発行会社及びその株主の利益のために行動することが求められるが、上記01の２⑵のとおり、取引構造上、利益相反の問題があるため、発行会社の取締役がかかる行動をとることを当然に期待することはできない（構造的利益相反の問題）。また、大株主は、一般株主と比較して、自らが取締役であることが多く、また、自らが取締役ではないとしても、取締役の指名等を通じて発行会社の情報を多く有していることがほとんどである（情報の非対称性の問題）。したがって、一斉通知により買い集めをする場合、この構造的利益相反と情報の非対称性を解消する必要がある。仮にこの点を無視して買集めを進めた場合、そもそも一般株主からの応募は期待できない上、少数株主の全員から買い集めることができず、スクイーズアウト取引を実行せざるを得ない場合において、当該スクイーズアウト取引に法的疑義が生じることとなる。

構造的利益相反と情報の非対称性を解消するための措置として、上場会社に関しては、経済産業省が平成19年９月４日に公表した「企業価値の向上及び公正な手続確保のための経営者による企業買収（MBO）に関する指針」（以下「MBO指針」という）や、令和元年６月にMBO指針を全面改訂した「公正なM&Aの在り方に関する指針―企業価値の向上と株主利益の確保に向けて―」（以下「公正なM&Aの在り方に関する指針」という）において実務上の対応の整理がなされており、日本のMBO実務は、概ね、これらに記載されている実務上の対応の例を尊重して行われてきた。このような公正性担保措置は、非上場会社株式の買集めについても参考になる（なお、公正な買取の在り方の内容に関しては、現在、経済産業省の研究会で議論されている）。

公正性担保措置

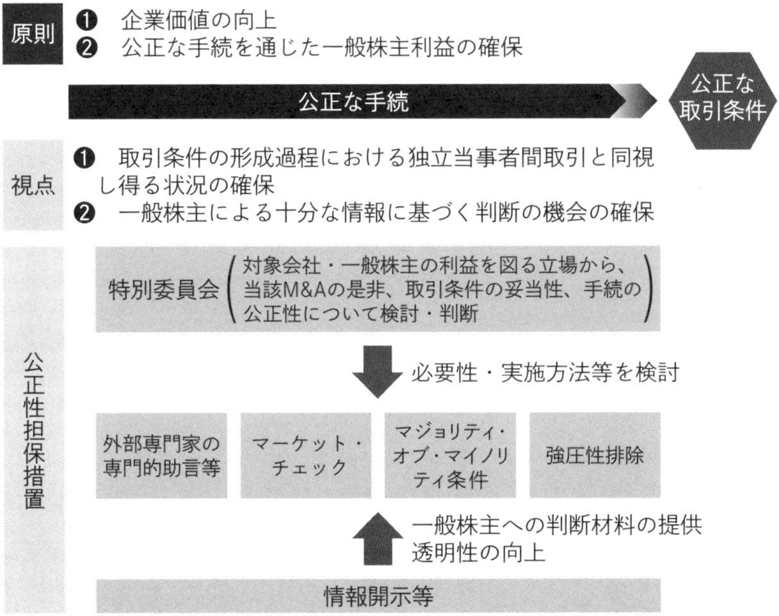

（経済産業省「公正なM&Aの在り方に関する指針―企業価値の向上と株主利益の確保に向けて―」（令和元年６月28日）より）

具体的には、①買集めの価格算定を発行会社でも行うこと、②大株主との交渉について、大株主と関係のない取締役が担当すること、③買集めに関して発行会社において取締役会で意見を決議する際には、大株主や大株主と関係の強い取締役を利害関係取締役として、決議から外すことが考えらえる。

なお、大株主や大株主と関係の強い取締役を利害関係取締役（会社法369②）として決議から外した場合、仮に利害関係がないと事後的に判断されると、結果として、取締役会の定足数が満たされていなかったことになる可能性がある。このような場合、実務上は、特別利害関係取締役ではないことが明白である取締役のみで決議（第１決議）を行い、その後、取締役全員の決議（第２決議）を行うことにより、両決議の内容が一致した場合に取締役会として決議が成立したものとして取り扱うとする方法で対応することが考えられる。

(3) 一斉通知の方法

発行会社から賛同を得られた後、大株主は、一般株主に対して、一斉に買取を求める通知を発送することになる。もっとも、一部の株主に対しては、一斉通知を発送する前後で個別にコンタクトして、売却に応じてもらうように交渉することも考えられる。

通知の発送については、大株主から送付するか、発行会社から送付するかという問題がある。発行会社から送付する方が一般株主の不信感を招かないものの、発行会社が送付する場合、郵送費や人件費等を要し、特定の大株主のために発行会社が費用負担することは利益供与の問題（会社法120）や取締役の善管注意義務の問題となる可能性もある。

(4) 少数株主に提供する書類

実務上、少数株主に対しては、主として、以下の書類を発送することになる。

①　株主に対して発行会社の株式を売却してほしい旨の提案書
②　発行会社作成の買集めに賛同する旨の書面
③　株式譲渡契約書
④　株式譲渡に関するFAQ
⑤　返信用封筒（株式譲渡契約書や株券を返送してもらうための封筒）

また、上記①の提案書には、公開買付けにおける公開買付届出書（金商法

27の３）を参考として、以下のような内容を記載することになる。

- ・買集めを行うことに至った背景事情
- ・買取の概要（買取価格、応募できる期間、決済予定日等）
- ・買取価格の算定根拠
- ・応募の手順
- ・買集め後に予定している取引（スクイーズアウト取引を予定している場合）
- ・問合せ先

少数株主にとっては、突然、買集めの通知を受け取ることになるため、背景事情については十分に記載し、かつ、買取価格の算定根拠も説明することが重要である。また、問合せ先についても、少数株主の安心感を得るために、大株主のみならず、発行会社の担当者も指定しておくことが考えられる。

次に、上記②の発行会社作成の買集めに賛同する旨の書面については、少数株主の意思決定に資するための情報を提供するという趣旨で、上場会社の公開買付けにおける賛同表明（金商法27の10）と同様の内容を記載すべきであろう。具体的には、賛同するに至った理由や検討過程、算定機関から算定書を取得した旨、利害関係を有する取締役や監査役の関与状況等である。

少数株主の応募の手順としては、主として次のような記載をすることになる。

(a)　株主が同封の株式譲渡契約書２通に署名・押印
(b)　株式譲渡契約書２通、名義書換請求書、及び（株券発行会社の場合）株券を書留郵便で大株主又は発行会社に郵送
(c)　大株主が株式譲渡契約書２通に署名・押印し、１通を株主に返送
(d)　決済日において、大株主は株主が指定した振込口座に売却代金を入金し、発行会社に対して株主名簿の書換えを請求

実務上問題となるのは、株主が株式譲渡契約書等を郵送する先を大株主とするのか、発行会社にするのか、という点である。本来であれば、大株主の住所に郵送し、大株主が集計等の事務作業を行うのが原則である。しかし、大株主が個人である場合や、大株主が一般株主とは疎遠である等の事情があったり、株主名簿との照合作業等もあったりするため、発行会社を窓口にしたいとのニーズもある。このような場合、発行会社を送付先の窓口とすることも考えられる。

③の株式譲渡契約書は、少数株主からの譲受けであることから、表明保証や補償条項等を網羅的に規定したものではなく、必要最小限の事項が規定された株式譲渡契約書とすることが多い。

また、④の株式譲渡に関するFAQとしては、以下のような項目を記載することが多い。

- 相続があったものの、名義書換えをしていない場合、どのような手続をすればよいか。
- （株券発行会社の場合）株券を紛失している場合、どのような手続をすればよいか。
- 税務上の取扱いはどのようになるか。
- （スクイーズアウト取引を予定している場合）スクイーズアウト取引とは何か。
- 応募しない場合には、どのようになるのか。

その他、買集めの事情に応じて、FAQを作成しておくことで、少数株主の理解を得やすくなる。また、問合せ先に直接照会する株主もいることから、問合せ先となっている担当者には、FAQを理解してもらい、適切に対応するように準備しておく必要がある。

(5) 決済方法

決済日において、大株主は少数株主が指定した振込口座に売却代金を入金し、発行会社に対して株主名簿の書換えを請求することになる。

発行会社が非公開会社である場合、決済日までに、譲渡制限を承認する手続を経ておく必要がある。また、株券発行会社の場合、大株主は、発行会社に対して株券を提示して株主名簿の書換えを請求する（会社法133②、会社規22②一）。株券不発行会社の場合、発行会社に対して株主から取得した署名・押印済みの株主名簿書換請求書を提出する。

(6) 全株式を買い集めることができなかった場合

少数株主に対して一斉に通知を送ったとしても、全株主から応募があるとは限らない。大株主が発行会社を100％化したいと考えている場合には、応募しなかった株主を発行会社から排除する必要がある。

このような取引がスクイーズアウト取引である。スクイーズアウト取引の詳細は、下記Q3で説明する。

4　任意の買集めにおける諸問題

(1)　株券発行会社の場合

株券発行会社の株式を買い集める場合、株式の取得が法的に有効となるためには、株券の交付を受けることが必要である（会社法128①本文）。しかし、社歴の長い会社では、相続や引っ越し等を原因として、株券を紛失している株主がいることもしばしばある。その場合、株券を喪失した株主は、会社に対して株券喪失登録を請求した上、原則として、株券喪失登録日の翌日から起算して１年を経過した日以降、株券の再発行を求めることができる（会社法230①、②）。このように、株券を紛失した株主から株式を取得するためには、原則として、株券喪失登録手続を経て、株券の再発行を行う必要があり、少なくとも１年を要することになる。

そこで、株式の買集めを早期に行いたい場合には、株券不発行会社に移行することも考えられる。株券不発行会社に移行する場合、株券を発行する旨の定款の定めを廃止する定款変更の株主総会決議及び定款変更の効力発生日の２週間前までに公告及び各株主に対する通知が必要となる（会社法218①）。

株券不発行会社に移行する場合、会社は、株主から株券を回収する必要はなく、株主の手元にある株券は株主において処分してもらうことで足りる。但し、無効となった株券が悪用されることを防止するため、実務上、株主に対して、定款変更に係る株主総会の招集通知を送付する際に、株券を会社に提供を求めるレターを同封し、株券を回収することもある。

株券不発行会社に移行した後、買集めを実行する場合、当事者間の意思表示のみにより株式譲渡を行うことができる（大株主は、少数株主から名義書換請求書を取得し、株式譲渡後に発行会社に対して名義書換え請求して、発行会社に名義書換手続を行ってもらうことで、第三者対抗要件を具備することができる（会社法130①））。但し、株券発行会社の場合、少数株主が無権利であったとしても、大株主が善意無重過失の場合には、株券の交付を受ければ、株式の権利を善意取得することが可能である（会社法131②）のに対し、株券不発行会社の場合には、株式の権利を善意取得することができないため、買集めの有効性に疑義が残り、法的安定性にやや欠けるきらいがある。買集めに要する期間及び法的安定性といった観点から、株券不発行会社に移行するかを判断することになる。

(2) 所在不明株主の場合の処理

株式の買集めを行おうとする場合に、社歴が長い会社において、相続が複数発生したり、株主が転居して会社に届出をしていなかったりする等、一部の株主の所在が不明となっている場合がある。このような場合、当然のことながら所在不明株主との間で株式譲渡契約を締結して、株式を買い集めることはできない。そのため、所在不明株主の保有する株式を所在不明株主の同意なく取得することが必要となるが、その方法としては、①会社法197条による保有株式の競売又は売却、②「中小企業における経営の承継の円滑化に関する法律」（以下「経営承継円滑化法」という）による特例の利用が考えられる。

また、完全子会社化を目指す場合や所在不明株主が多数である場合、所在不明株主をそのまま残存させた上、下記03のスクイーズアウト取引で処理することも考えられる。

❶ 会社法197条による保有株式の競売又は売却

会社法上、株式会社は、株式会社が株主に対してする通知又は催告(19)が5年以上継続して到達しないため、通知及び催告をすることを要しない株主で

(19) 「通知又は催告」には、会社法の規定に基づかない任意の通知等も含まれるものと解されている（大竹昭彦ほか編『新・類型別会社非訟』（判例タイムズ社、2020年）330頁）。

あって、かつ、継続して5年間剰余金の配当を受領しなかった株主の保有する株式を、競売にかけることができる（会社法197①）。また、株式会社は、競売に代えて、市場価格のない株式については裁判所の許可を得て競売以外の方法によりこれを売却[20]し（会社法197②）、又はその全部又は一部を買い取ることもできる（会社法197③）。実務上は、所在不明株主の保有する株式について競売が行われることは少なく、裁判所の許可を得た売却又は買取りの方法によることが多いと思われる。裁判所の許可を得るに際しては、売却する株式の売買価格が相当であることを疎明する必要があり、そのため、株式会社から中立的な立場にある専門家が作成した株式価格算定報告書等を可能な限り提出することが望ましいとされている[21]。また、株式会社が株式の全部又は一部を買い取る場合には、買い取る株式の数（種類株式発行会社にあっては、株式の種類及び種類ごとの数）及び株式の買取りをするのと引換えに交付する金銭の総額を決定しなければならず（会社法197③）、取締役会設置会社にあっては、当該決定は取締役会の決議によらなければならない（会社法④）。さらに、株式会社が株式の全部又は一部を買い取る場合、財源規制の適用が及ぶ点には注意が必要である（会社法461①六）。

また、会社法197条による保有株式の競売又は売却を行おうとする場合、株式会社は、当該株式の売却をする旨等を公告しなければならない（会社法198①、会社規39各号）。この公告に基づき株主その他の利害関係人が異議を述べることができる期間は3か月未満であってはならないとされているから（会社法198①）、株式の買集めのスケジュールを検討するにあたっては注意が必要である。なお、所在不明株主に対して株式の代金を交付することはできないため、株式の代金については、通常は供託することになる（民法494）。但し、供託は義務ではないため、会社としては、所在不明株主から連

---

(20) 市場価格のある株式については市場価格として法務省令で定める方法により算定される額をもって売却又は買取りを行うことができる。

(21) 大阪商事研究会『実務ガイド 新・会社非訟』（きんざい、2016年）327頁参照

絡があり次第、代金を交付するように準備しておくことでも足りる。かかる代金の支払債務は、原則として、支払債務が成立した日（裁判所による決定があった日）から10年経過することにより時効により消滅することになり(民法166①二)、会社は債務消滅益として収益計上することになる。

❷ 経営承継円滑化法による特例

2021年８月２日に施行された「産業競争力強化法等の一部を改正する等の法律」に伴う経営承継円滑化法の改正により、所在不明株主に関する会社法の特例（以下「会社法特例」という）が創設された。

上記のとおり、会社法上の手続（会社法197・198）においては、所在不明株主の株式の競売及び売却の際に、所在不明株主に対して行う通知等が５年以上継続して到達せず、当該所在不明株主が継続して５年間剰余金の配当を受領しないことを要する。この手続がM&Aを含む事業承継が円滑に進まない原因の一つであった。

会社法特例は、その前提となる認定を受けた場合においては、期間を「５年」から「１年」に短縮するものであって、所在不明株主の存在がM&Aや事業承継の障害にならないように配慮されている。

しかし、会社法特例を利用するためには、上場会社等以外の中小企業者である株式会社が以下の２要件を満たし、都道府県知事の認定を受ける必要がある。

① 経営困難要件

申請者の代表者が年齢、健康状態その他の事情により、継続的かつ安定的に経営を行うことが困難であるため、会社の事業活動の継続に支障が生じている場合であること

② 円滑承継困難要件

一部株主の所在が不明であることにより、その経営を当該代表者以外の者（株式会社事業後継者）に円滑に承継させることが困難であること

さらに、会社法特例の対象となる非上場株式の売却（自社による買取りを含む）については、裁判所の許可も必要である。

以上のように、会社法特例を利用しようとする場合、そもそも要件を満たすかという検討に加えて、都道府県知事の認定及び裁判所の許可という手続が必要となるため、現実的に利用可能かどうかを慎重に検討する必要があろう。

❸　税務上の取扱い

所在不明株主の株式を処分する場合であっても、税務上の取扱いは通常の譲渡や自己株式取得の場合と異なるところはない。

まず、競売又は売却による場合、譲渡所得等の総収入金額の収入すべき時期は、競売の日又は売却の日とされる。この場合における所得区分は株式等に係る譲渡所得となる。次に、発行会社による買取りによる場合、所在不明株主には通常の自己株式取得の場合と同様に、譲渡所得とみなし配当による配当所得が生じることになる（自己株式取得の税務上の取扱いについては第２部第１章03の２を参照）。

所在不明株主が法人である場合についても、通常の譲渡や自己株式取得が行われた場合と同様の取扱いとなる。

なお、上記のとおり、発行会社が買い取る場合、所在不明株主に対して株式の代金を交付することができないため、みなし配当に係る所得税の源泉徴収は実際に代金を交付したときに行う必要がある。但し、支払の確定した日である株式の買取りの日から１年を経過した日までにその支払が行われない場合には、その１年を経過した日に支払があったものとみなして、源泉徴収を行うこととなる（所法181①②）。

(3)　従業員持株会からの買集め

従業員のインセンティブや福利厚生支援のほか、オーナーの相続税対策の観点から、非上場会社においても、従業員持株会（以下「持株会」という）が存在することがある（持株会の仕組みの詳細は、第２章03の２参照）。

持株会は、一般に民法上の組合として組成されており、会員たる個々の従業員が持株会を通じて株式を保有している(22)。通常、非上場会社における持株会は退会者から既存会員が株式を買い取る仕組みになっているため、退会者が急激に増加したり、新規入会者が減少したりする等して、株式の買取り資金が不足すると、持株会の維持が困難となる場合がある。そのようなケースでは、持株会が保有する株式（厳密には、持株会の会員たる従業員が共有する株式）を自己株式取得や第三者が買い取らざるを得なくなることも想定される。

持株会から株式を買い集める場合、持株会の規約との関係、価格の問題に加えて、税務も問題となり得ることから、以下で説明する。

❶ 持株会からの取得方法－解散するか否か

持株会から株式を買い取る方法としては、①持株会を解散して各会員が株式を単独で所有した後、大株主が買い取る方法、②持株会から直接大株主が買い取る方法の２つが考えられる。いずれの方法を採用すべきかについては、持株会規約において、株式の譲渡、会員の退会、持株会の解散、払戻しの手続・内容についてどのような規定が設けられているかを確認した上、事案ごとに検討する必要がある。

例えば、持株会規約において解散規定がない場合であっても、解散決議できるかについて、東京地判平成18年６月26日判時1958号99頁は、規約上、「理事の選任及び規約の変更については、理事会が文書を作成の上会員に交付し、

---

(22) 法人格を有しない組合には株式が帰属せず、各従業員は、持株会が自己の名義・計算で取得した株式（組合財産）を共有し（民法668）、それぞれが、処分の自由が制限された持分権を有することとなる。各従業員は、理事長に対して株式（厳密には持分）を信託し、理事長を介して会社から受領した配当金を受け取ることとなり、税務上もパススルーにより、（組合ではなく）各会員に対し配当課税がなされる（配当控除の対象となる）。国税庁文書回答事例「所在不明株主の株式が会社法第197条に基づき売却等された場合における当該株主及び株式会社の課税上の取扱いについて」https://www.nta.go.jp/about/organization/tokyo/bunshokaito/shotoku/29/01.htm

会員から一定数の書面による異議がない場合に、理事が選任され又は規約が変更される」とされていた事案において、規約を変更し、解散規定を明文化し、それに基づき解散するという二段階の手続による解散をすることができることは明らかであり、さらに進んで、そのような迂遠な手続を踏むまでもなく、規約の変更に準じた手続により解散することも許されないわけではないとしている。したがって、解散規定がない場合においても、解散決議を行って各会員に株式を払い戻すことも一応可能ではあるものの、その手続の履践や、共有持分の分割が必要となる。

したがって、持株会が大株主に対して株式を譲渡した上、各会員に対して現金を交付する方法が簡便なことが多いように思われる。

❷ 対価の問題

持株会規約において、会員が退会する際に一定の価額（通常は拠出金額相当額）で持株会に対して株式を売り渡さなければならないと規定している売渡強制条項がある場合、会員に対して持株会の解散以外の方法で株式を払い出すことができないため、大株主は、持株会から譲渡を受けることになる。その際、譲渡対価をいくらにするのか（すなわち、売渡強制条項による価額よりも高い金額で譲渡し、当該金額を会員に交付することが許されるか）が問題となる。

まず、売渡強制条項で定められている価格（拠出金額相当額）が時価と乖離している場合には、売渡強制条項で定められている価格で持株会が株式を譲り受けることとすれば、税務上の低額・高額譲渡の問題が生じ得る。また、このような売渡強制条項の趣旨は、退会に端を発した株式の拡散を防止するとともに、買取価格についての紛争を防止する点にあると考えられる。この点、大株主による株式の集約に際しては、株式の分散を考慮する必要はなく、また、合意に基づき一括して株式の譲渡をする場面であるから、買取価格についての紛争防止を考慮する必要もないため、時価で株式譲渡を受けたとしても売渡強制条項を規定した趣旨に反することにはならないように思われる。

したがって、持株会規約に売渡強制条項が存在する場合であっても、大株主が持株会から企業価値算定に即した時価で株式譲渡を受けることは、持株会規約という組合契約の合理的意思解釈としても妥当と思われる。

もっとも、株式の時価とは何かが問題となり得る。持株会は、税務上はパススルーであることから、持株会が株式を譲渡した場合、構成員である従業員に株式の譲渡所得（措置法37の10）が生じることになる。構成員である従業員は、税務上は、直接、持株会が保有する株式を所有することになるため、原則として、少数株主に該当し、配当還元方式による評価額で譲渡することは税務上問題ない（税務上の株式評価については第２部第２章02の１を参照）。しかし、株式を譲り受ける大株主は、支配株主であることから、配当還元方式による評価額により安価に譲り受けた場合、贈与税を課税されるリスクがある（相法７）。しかし、だからといって大株主を基準として、原則的評価方法の評価額を用いると、配当還元方式による評価額よりも高額となり、従業員に対して利益を与え過ぎではないか、との問題も生じる。特に、退職により持株会を退会した元従業員は、売渡強制条項に基づき、持株会に対して拠出金額相当額で売渡をしていることから、現役の従業員との間で退職時期によって著しい不公平が生じることもある。そこで、税務リスクを負ったとしても、配当還元方式による評価額で譲り受けることを選択することもあり得る。

(4) 一物二価の問題

❶ 法務の観点からの問題

大株主が株式を買い集める際、株主間で譲渡価格を変えてもよいかという点はしばしば問題となる。例えば、ある少数株主からは１株当たり100円で買い取るものの、他の少数株主からは１株当たり120円で買い取るというものである。

上場会社が公開買付けを行う局面では均一性の原則が及ぶため、一部の株主から相対的に高額で株式を買い取ることはできない。一方で、非上場会社の株式取得については、一部の株主からのみ相対的に高額での株式を買い取ること自体を直接禁止する明文のルールは存在しない。しかし、かかる行為が無制限に認められるものではなく、特に、以下の点については注意すべきである。

まず、特に大株主としては、少数株主に対する株式譲渡契約締結の勧誘に際して、大株主が「すべての株主に対して一律の譲渡価格が支払われる」というような趣旨の説明を行わないよう注意しなければならない。もし、かかる虚偽の説明を行い、これを信頼した少数株主との間で株式譲渡契約が締結された場合には、株式を譲渡した少数株主から、事後的に、不正確な説明による不法行為又は信義則上の説明義務違反による損害賠償、株式譲渡契約の錯誤・詐欺取消しや契約解除等の請求がなされる可能性が考えられる。

また、発行会社の株式全部を取得するため、少数株主に対して、一斉通知を行い、スクイーズアウトを含む一連の取引を行う場合、一部の株主からのみ相対的に高額で株式を買い取ったのち、それよりも低額のスクイーズアウト価格を設定したうえで、スクイーズアウトにより残存株主の保有する株式を強制的に取得することがある。しかし、このような手続は、法的に不安定となりやすい。

特に、スクイーズアウトの手法として株式併合が選択される場合、端数株式の任意売却手続（会社法234②）が必要となり、当該任意売却手続においては、株式の売却価格の相当性が裁判所による審査の対象となる。当該審査の場において、一部の株主からは相対的に高い価格で株式を譲り受けていたことが明らかとなった場合には、審査を行う裁判所が、スクイーズアウト価格が端数株式の売却価格として相当な価格でないと判断し、その結果、任意売却手続における裁判所の許可の取得が滞り、最悪の場合には、許可が得られない可能性がある。そうすると、少なくとも当初想定したスクイーズアウト価格による発行済み株式全部の取得は実現できない。

また、スクイーズアウトの手法として現金合併・現金株式交換や、特別支配株主の売渡請求が選択される場合であっても、少数株主に認められる反対株主の株式買取請求・価格決定の申立てに際して「公正価格」が争われることになるが、一連の取引において一部株主からスクイーズアウト価格よりも高額の譲渡対価により株式譲渡が行われていれば、かかる事実は公正価格の認定にも影響を与える可能性が高い（下記03の４参照)。

さらに、発行会社の取締役が大株主による買集めに関与した場合、その関与の態様によっては、取締役自身の善管注意義務違反が問題となる可能性がある。すなわち、レックス・ホールディングス損害賠償請求事件（東京高判平成25年４月17日判時2190号96頁）は、「取締役及び監査役は、善管注意義務の一環として、MBOに際し、公正な企業価値の移転を図らなければならない義務……を負い、企業価値を適正に反映しない買収価格により株主間の公正な企業価値の移転が損なわれたときは、取締役及び監査役に善管注意義務違反が認められる余地があるものと解される。」と判示し、株主間の価値移転があり得る場合、取締役は、善管注意義務の一環として、株主間の公正を図らなければならない義務を負うとする考え方を示している。

相対的に高い価格による株式譲渡を行った又は行う予定である株主が存在することを取締役が知っているにもかかわらず、それを秘して少数株主に対して大株主への株式譲渡を推奨したり、さらにはより低い価格によるスクイーズアウトの実施を決定等したりする場合には、発行会社の取締役として、株主間の公正を図るため、当該一部の株主との相対的に高い価格を踏まえ公正価格を決定する義務を善管注意義務の内容として負担していたにもかかわらず、当該義務に違反したとの議論もあり得るように思われる。

上記のとおり、一部の株主からのみ相対的に高額の譲渡対価により株式を買い取る手続は、法的に不安定となりやすい。

高額の譲渡対価を支払う株主については、当面、発行会社の株主として残存させ、少数株主から株式を買い取ってから一定期間を置いたのちに、相対的に高額で株式の買取りを行うことにより、上記法的な問題が顕在化する蓋然性を低くすることも可能であるように思われる。しかし、実際にかかるスキームを実行するべきか否かについては、案件の具体的な事実関係を前提に、慎重な検討が必要となる。

❷ 税務の観点からの問題

任意の買集めの際に、株主との交渉により、対価にズレが生じる場合がある。例えば、友好的な株主であれば、低額で譲渡することに応じることもあるし、反対に、相場よりも高額でなければ譲渡しないと交渉を持ち掛ける株主もいる。このように、交渉によって定まった対価にズレが生じた場合、第2部第2章02で述べる、税務上のリスクがあるかという点が問題になり得る。

まず、当事者間で真摯な交渉によって決定すれば、それが当事者間における時価であって、税務上の贈与等の問題は生じないと解すべきである（第2部第2章02の1(4)参照）。しかし、あまりにも譲渡対価の額に乖離がある場合、なぜそのような乖離が生じたのかを合理的に説明できるように準備する必要があると思われる。乖離が生じた理由として、ある友好的な株主には利益を供与するためといったことが認められる場合には、税務上のリスクがあると言わざるを得ない。当事者間での真摯な交渉に基づいて決定された対価であることを示すため、交渉の際に取り交わした書面やメール等を整理しておき、税務調査において指摘された場合には当該資料に基づいて説明できるように準備しておくことが望ましい。

スクイーズアウト取引による買集め　03

1　スクイーズアウト取引とは

スクイーズアウト取引とは、少数株主を発行会社から排除し、完全子会社化を達成する取引をいう。主に少数株主に現金を交付する手法（現金を交付するスクイーズアウト取引をとりわけ「キャッシュアウト取引」ということがある）がとられる。非上場会社において、株式の任意買集めに応じない株主や所在不明株主がある場合、スクイーズアウト取引を利用し、当該少数株主を発行会社から排除することが考えられる。このスクイーズアウト取引には、様々な手法があり、それぞれ法務・税務上の取扱いが異なる。したがって、法務・税務の観点から最適な手法を選択することが求められる。

2　会社法上のスクイーズアウト取引の概要

スクイーズアウト取引の種類は、特別支配株主による株式等売渡請求、株式の併合、全部取得条項付種類株式、現金合併・現金株式交換がある。これらは会社法上の制度であるが、株主間契約、合弁契約、資本業務提携契約等を締結している株主間においては、これらの契約上の定めに従ったスクイーズアウト取引も考えられる。以下、各手法について解説する。

(1)　特別支配株主による株式等売渡請求

特別支配株主による株式等売渡請求は、株式会社の総株主の議決権の10分の９以上を有する株主（当該株主が発行済株式の全部を有する株式会社その他これに準ずるものとして法務省令で定める法人の有する議決権は合算される）が、当該株式会社の他の株主の全員に対し、その有する当該株式会社の株式の全部を売り渡すことを請求することができるという制度である（会社法179①・②）。

株式会社の総株主の議決権の10分の９以上を有する株主は、株式等売渡請求を行うことによって、少数株主に対してその有する株式を売り渡すことを請求できるが、株式のみならず、新株予約権や新株予約権付社債についても売渡請求をすることができる。

⑵ 株式の併合

株式会社は、株式の併合をすることができる（会社法180①）。株式の併合自体は必ずしもスクイーズアウト取引に利用されることのみを目的とする制度ではないが、株式の併合によって一部の大株主以外の各株主のもとで残存する株式の数が１株未満となるように株式の併合比率を調整し、当該１株未満の端数株式しか手元に残らない株主に対して、端数株式に相当する金銭を交付することによって、これらの株主から強制的に株式を取得するのと同等の結果を実現することができる。１株未満の端数の合計数（かかる合計数に１に満たない端数がある場合には、これを切捨てたもの）に相当する株式については、裁判所の許可を得て、大株主に売却するか、発行会社が自己株式の取得として買い取ったうえ（会社法234④）、その代金を端数の少数株主に交付する（会社法234①・②）。

例えば、大株主が100株を保有しており、その他の株主が100株未満しか保有していない場合、100株を１株に併合することにより、大株主が１株を保有し、その他の株主は１株未満の株式しか保有しないこととなって株主ではなくなるため（代わりに、端数処理手続により現金の交付を受ける）、大株主のみが株主となる。

平成26年会社法改正以前は、株式の併合によりスクイーズアウト取引を行う事例は限られていたが、平成26年会社法改正によって少数株主の利益を保護する制度(23)が導入されたことにより、株式の併合はスクイーズアウト取引の手法として頻繁に利用されるようになっている。

---

(23) 事前開示手続（会社法182の２、会社規33の９）、事後開示手続（会社法182の６、会社規33の10）、株主による差止請求（会社法182の３）、反対株主による株式買取請求（会社法182の４）がある。

⑶　全部取得条項付種類株式

スクイーズアウト取引の手法として、全部取得条項付種類株式（会社法108①七）を利用することもでき、かつては主流の手法として利用されていた。

まず、①発行会社の定款を変更して、発行会社の発行済普通株式すべてに、全部取得条項を付した上、全部取得条項が付された普通株式の取得の対価を別の種類株式として、大株主以外の他の株主に対しては１株未満の端数の種類株式が割り当てられるような比率とする(会社法108①七・111②一)。次に、②会社法に定められた情報開示手続を行ったうえ、株主総会の特別決議に基づき、全部取得条項が付された普通株式のすべて（自己株式を除く）を取得し、対価として当該別の種類株式を交付する（会社法171①・173①)。株式取得の効力発生後、③端数処理手続を行い、その代金を端数の少数株主に交付する（会社法234①・②)。

このように、全部取得条項付種類株式を利用する方法は、若干手続が複雑であって理解が難しい。それゆえ、従前は全部取得条項付種類株式を用いてスクイーズアウト取引を実行していたものの、平成26年会社法改正により、株式の併合がスクイーズアウト取引として利用できるようになったため、全部取得条項付種類株式を用いる例はほとんどなくなった。したがって、以下では、全部取得条項付種類株式を利用する方法については説明を省略する。

⑷　現金合併・現金株式交換の手法

大株主が法人である場合には、組織再編成もスクイーズアウト取引に利用することができる。例えば、法人である大株主を存続会社とし、スクイーズアウト取引の対象となる発行会社を消滅会社として、現金を対価として吸収合併を実施すれば、発行会社の少数株主は対価となる金銭を受け取り、発行会社の株主という立場を失うことになる。また、法人である大株主を株式交換完全親会社とし、スクイーズアウト取引の対象となる発行会社を株式交換完全子会社として、現金を対価として株式交換を実施すれば、やはり、発行会社の少数株主は対価となる金銭を受け取り、発行会社の株主という立場を失うことになる。このように、組織再編成を通じても、スクイーズアウト取引を実行することができる。

(5) 契約に基づくスクイーズアウト取引

上記(1)から(4)までは会社法上の制度を利用したスクイーズアウト取引に関する説明を行ってきたが、同様の効果を会社法上の制度を利用せず、契約上の合意により行うこともできる。

このような契約上の合意として実務上用いられる頻度が高いのが、コールオプションの仕組みである。細部はそれぞれの契約において異なるが、基本的には、株主間で締結される株主間契約、合弁契約、資本業務提携契約等において、一方の株主が他方の株主に対して、一定の事象が生じた場合等において、株式の売却を求めることができると規定されている場合に行使できる権利である。大株主は、当該合意に基づき、少数株主に対してその保有する株式の譲渡を強制することで、会社法上の制度を利用してスクイーズアウト取引を行わずとも、少数株主の排除を実現できる。

また、株主の間において、一定の割合を有する株主がその保有する株式を第三者たる譲受人に譲渡する場合に、少数株主に対しても、その保有する株式を、同時に同じ譲受人に対して譲渡するよう求めることができる権利について合意がなされることがある。このような権利はドラッグ・アロング・ライトと呼ばれ、ドラッグ・アロング・ライトを利用してスクイーズアウト取引が行われることも考えられる。

3　各スクイーズアウト取引の法務・税務のポイント

上記のとおり、スクイーズアウト取引に利用できる制度は複数存在するところ、スクイーズアウトを行う必要が生じた時には、様々な要素を検討して最適なスクイーズアウト手法を選択することになる。

(1) 法務上の考慮要素

法務上の主な考慮要素は、下表のとおりである。なお、上記2(4)のとおり、現金合併・現金株式交換は、大株主が法人である場合にのみ利用することができる方法である。

スクイーズアウト取引の法務上の考慮要素

考慮要素	株式等売渡請求	株式併合	現金合併	現金株式交換
大株主において必要な発行会社の議決権割合	買収者単独で90%以上	３分の２以上（株主総会特別決議）	３分の２以上（株主総会特別決議）	３分の２以上（株主総会特別決議）
発行会社における株主総会の特別決議の要否	不要	必要（会社法180②・309②四）	90％以上の議決権を有する場合は不要（略式合併）（会社法784①）	90％以上の議決権を有する場合は不要（略式株式交換）（会社法784①）
（大株主が法人の場合）大株主における株主総会の特別決議の要否	不要	不要	簡易合併とならない限り必要（会社法796②）	簡易株式交換とならない限り必要（会社法796②）
債権者異議手続	不要	不要	法人である大株主及び発行会社において必要	法人である大株主において必要
裁判所における端数処理手続の要否	不要	必要	不要	不要
新株予約権を対象とすることの可否	可能	不可（但し、新株予約権者のスクイーズアウトは可能）	可能	不可
発行会社の法人格（許認可の承継の問題の有無）	存続（原則として許認可の承継の問題がない）	存続（原則として許認可の承継の問題がない）	消滅（原則として許認可の承継の問題がある）	存続（原則として許認可の承継の問題がない）
所要期間	約１か月	約２か月	約２か月	約２か月

❶　発行会社の議決権割合

スクイーズアウト手法として株式等売渡請求を選択する場合は、会社法上、株式等売渡請求を行う大株主が議決権の90%以上を保有している必要がある。一方で、株式併合、現金合併及び現金株式交換を行う場合は、会社法上は、株主の３分の２以上の賛成を得て株主総会特別決議による承認を得られればよく、必要とされる議決権の保有比率は株式等売渡請求がより小さくてすむことになる[24]。

なお、株式等売渡請求を行うためには、特定支配株主は１人でなければならないため、スクイーズアウト取引の完了後に複数の株主を残存させたい場合には原則として利用できない[25]。また、現金合併や現金株式交換を行った場合も、法人である大株主以外のものをスクイーズアウト取引の完了後に発行会社の株主として残存させることはできない。

❷　発行会社における意思決定手続

発行会社においてどのような意思決定手続が必要となるかも、主としてスケジュールとの関連において検討要素となる。

この点、発行会社における意思決定手続が最も簡便なのは株式等売渡請求を行う場合である。発行会社における意思決定は取締役会の決議（取締役会非設置会社の場合は取締役の過半数の決定（会社法348②））による承認で足りる。

一方で、株式併合、現金合併及び現金株式交換を行う場合は、原則として発行会社の株主総会の特別決議が必要となる。もっとも、現金合併及び現金株式交換については、法人である大株主が90%以上の議決権を保有している場合には、略式組織再編成（会社法784①）に該当するため、発行会社の株主総会は不要となり、発行会社においては取締役会の決議（取締役会非設置

---

(24)　会社法との関係では大株主自身が３分の２以上の株式を保有することは求められないが、現金合併及び現金株式交換に係る税制適格要件との関係では、法人である大株主において発行会社の発行済株式総数の３分の２以上を直接に保有している必要がある。下記(2)❹参照。

(25)　ただし、信託や借株を利用する手法については、下記(3)を参照されたい。

会社の場合は取締役の過半数の決定）を得ることでスクイーズアウト取引を行うことができる。

なお、発行会社が株券発行会社である場合、いずれのスクイーズアウト取引においても、株券の提出公告及び通知手続も必要となる（会社法219①。但し、株式等売渡請求の公告及び通知の費用は、大株主の負担となる）。株券を提供できない株主がいる場合、発行会社は、当該株主の負担で３か月の異議申述公告を行い、利害関係人が異議を述べなかったときに金銭を交付することができる（会社法220）。

❸ 法人である大株主における意思決定手続

現金合併及び現金株式交換の場合は、簡易組織再編成の要件（会社法796②）を満たす場合を除き、法人である大株主において株主総会の特別決議が必要である。一方、株式等売渡請求及び株式併合による場合、法人である大株主においても、株主総会決議は不要である。

❹ 債権者異議手続の要否

スクイーズアウト手法によっては、債権者異議手続を行うか否かも異なってくる。株式等売渡請求及び株式併合による場合は、債権者異議手続は不要である。一方で、現金合併による場合、法人である大株主及び発行会社において債権者異議手続が必要となり、また、現金株式交換による場合は、法人である大株主において債権者異議手続が必要(26)となる。

債権者異議手続を行う場合には、１か月間の債権者異議期間を置かなければならないため、スケジュールに影響が及ぶことになる。

❺ 端数処理

株式併合の方法による場合、会社法234条又は235条に基づく端数処理の手続が必要となる。端数処理の手続においては、通常、裁判所の許可を得て

(26) ただし、発行会社の新株予約権付社債に付された新株予約権が株式交換契約新株予約権である場合、当該新株予約権付社債についての社債権者について、発行会社においても債権者異議手続が必要となる（会社法789①三、②）。

任意売却の方法により行う（会社法234②）ところ、その許可の申立てのために、発行会社の取締役全員の同意を得る必要があり（会社法234②）、また、裁判所の許可を得ること自体に一定の手間と時間を必要とする(27)。

一方、現金合併、現金株式交換及び株式等売渡請求（現金合併、現金株式交換においては対価として直接現金を交付する場合）においては、かかる端数処理手続は不要である。

❻ 対象とできる有価証券

スクイーズアウト取引において強制的に買い取ることができる株式以外の有価証券の種類（具体的には、新株予約権や新株予約権付社債の買取りを行うことができるか否か）にも違いがある。

株式等売渡請求及び現金合併による場合には、新株予約権についても強制的に買取り(28)を行うことが可能となる。株式併合によりスクイーズアウト取引を行う場合、新株予約権を強制的に買い取ることはできないものの、新株予約権者が新株予約権を行使することにより交付を受けることができる株式数が１株未満となるよう株式の併合比率を調整することで、実質的に新株予約権をスクイーズアウトできることがある。

これに対して、現金株式交換によりスクイーズアウト取引を行う場合、株式交換完全子会社の新株予約権者に対して金銭を交付して新株予約権を強制的に買い取ることはできないため、発行会社に新株予約権者が存在する場合には現金株式交換の手法は取りづらいことになる。

❼ 発行会社の許認可の承継

現金合併による場合、発行会社の有する許認可は、原則として消滅する。

---

(27) なお、任意売却手続においては、裁判所において基本的には書面審査により審理が行われ、期日は開かれない（大阪商事研究会『実務ガイド　新・会社非訟』（きんざい、2016年）309頁参照）。

(28) 現金合併について、厳密には、発行会社の新株予約権は、合併の効力発生日に消滅することとなる（会社法750④）ところ、合併契約において発行会社の新株予約権者に対して金銭を交付することを規定することができる（会社法749①四ハ）。

但し、例えば、割賦販売法上の前払式割賦販売業の許可（同法18の６①)、医薬品、医療機器等の品質、有効性及び安全性の確保等に関する法律上の医薬品等の製造販売の承認（同法14の８①）等は、合併により存続会社が承継できる。また、合併により承継できない許認可であったとしても、比較的容易に取得できる許認可であればスケジュールに与える影響は軽微であるものの、それが取得に時間を要する許認可の場合、合併までのスケジュールに大きな影響があるため、事前の慎重な検討が必要となる。

現金合併以外の手法においては、発行会社の法人格は消滅しないため、許認可が消滅するという問題は原則として生じない。

❽　所要期間

スクイーズアウト取引の手法ごとに、取引を開始してから少数株主に対する決済が行われ取引が終了するまでに要する期間も異なる。

株式等売渡請求の所要期間は最短で１か月程度であり、スクイーズアウト取引の手法の中でも最も所要期間が短い。一方で、現金合併及び現金株式交換による場合は、上記のとおり債権者異議手続が強制されることもあり、最短でも２か月の所要期間を見込む必要がある。さらに、株式併合によるスクイーズアウト取引を行うためには、裁判所による任意売却手続を経ることとなるが、当該手続に要する期間は案件ごとに異なり得るため、より長い時間を見込むことが安全である（但し、裁判所の許可は、２～３週間で取得できることが多い)。

⑵　税務上の考慮要素

税務上の主な考慮要素は、下表のとおりである。

スクイーズアウト取引の税務上の考慮要素

当事者	株式等売渡請求	株式併合	現金合併	現金株式交換
発行会社の株主（反対株主以外の株主）	譲渡損益課税			
反対株主	譲渡損益課税		発行会社の株主：譲渡益課税	発行会社の株主：譲渡益課税＋みなし配当課税
大株主	なし	なし 端数処理部分があれば譲渡益課税（但し、大株主が取得する場合は課税なし）	なし	なし
発行会社	大株主が個人の場合：なし 大株主が法人の場合：税制適格要件を満たせば課税なし	大株主が個人の場合：なし 大株主が法人の場合：税制適格要件を満たせば課税なし	税制適格要件を満たせば課税なし	税制適格要件を満たせば課税なし
欠損金の制限	原則としてなし	原則としてなし	発行会社・法人としての大株主について、制限あり	原則としてなし

❶　発行会社の株主（反対株主以外の株主）に対する課税

発行会社の株主においては、いずれのスクイーズアウト取引においても、株式譲渡益課税が発生する（法法61の２①、措法37の10①）。

❷ 発行会社の株主（反対株主）に対する課税

株式等売渡請求において、反対株主は、価格決定の申立てを行うことが可能である。しかし、価格決定の申立ては、あくまで、特別支配株主・少数株主間の株式譲渡における公正な価格を裁判所が決定するものであるため、発行会社の株主には、譲渡益課税のみが生じ、みなし配当課税は生じない。また、株式併合において、株式買取請求を行った発行会社の株主は、株式買取請求を行わなかった対象株主の課税関係と同様に、譲渡益課税のみを受け、みなし配当課税は生じない（法法61の２①・24①五、法令23③九、措法37の10①、所法25①五、所令61①九）。

現金合併については、株式買取請求権を行使した発行会社の株主には、譲渡益課税（法法61の２①、措法37の10③五）のみが生じ、みなし配当課税（法法24①五、法令23③八、所法25①五、所令61①八）が生じることはない。

現金株式交換において、株式買取請求権を行使した発行会社の株主は、自己株式の取得の場合の課税関係と同じく、譲渡益課税（法法61の２①、措法37の10③五）及びみなし配当課税（法法24①五、所法25①五）が生じる。

❸ 大株主に対する課税

株式等売渡請求、現金合併及び現金株式交換において、スクイーズアウト取引を行った大株主に対する課税は生じない。他方、株式併合について、端数処理手続において発行会社が端数部分を自己株式の取得として買い取る場合は、大株主は、自己の手元において発生する端数部分について他の株主と同様に現金を交付されることになるため、株式の譲渡益課税が生じる。もっとも、端数部分を大株主が買い取る場合、大株主において発生する端数部分は自らが売主・買主となるため、課税は生じないと解される。したがって、株式併合を選択したものの、大株主において発生する端数部分が大きい場合には、大株主が買い取ることを検討すべきである。

❹ 発行会社に対する課税

スクイーズアウト取引を行う大株主が個人の場合、株式等売渡請求及び株式併合において、発行会社において課税は生じない（また、当然のことであるが、大株主である個人が発行会社との間で合併や株式交換を行うことはない）。

他方、大株主が法人の場合、株式等売渡請求、株式併合及び株式交換は、法人税法上、いずれも「株式交換等」に該当し（法法２十二の十六ロ・ハ）、発行会社において、原則として、その保有する一定の資産及び負債の評価損益に対して課税が生じる（法法62の９）。しかしながら、例外的に、適格株式交換等の要件（法法２十二の十七）を満たすと発行会社において課税は生じない。

現金合併についても、適格合併の要件（法法２十二の八）を満たすと、消滅会社である発行会社において課税は生じない（法法62の２）。しかし、適格合併の要件を満たさない場合、発行会社において、保有する資産及び負債の譲渡損益に対して課税が生じる（法法62）。

なお、現金合併及び現金株式交換において、対価が現金であることから、原則として税制適格要件を満たすことができない。もっとも、法人である大株主が発行会社の発行済株式の総数又は総額の３分の２以上を直接に保有する場合には、対価が現金であるとしても、税制適格要件を満たす（法法２十二の十七柱書）。税制適格要件の詳細については、大石篤史ほか『税務・法務を統合したM&A戦略』（中央経済社、第３版、2022年）79頁以下の各記載を参照されたい。

❺　繰越欠損金の取扱い

スクイーズアウト取引の手法を検討するにあたって、発行会社が有している繰越欠損金がスクイーズアウト取引によって利用できなくなることはないか、という点は、重要な考慮要素である。

株式等売渡請求、株式併合及び現金株式交換においては、原則として、発行会社の繰越欠損金が消滅することはない（但し、法人税法57条の２第１項及び第２項に規定された要件を満たすと、繰越欠損金が消滅することになる）。

他方で、現金合併の場合、適格合併か否かによって下表のとおり、取扱いが分かれているので、慎重な検討が必要となる。

現金合併における繰越欠損金の承継

発行会社（消滅会社）の繰越欠損金の引継ぎの可否	
非適格合併	✓　存続会社は、消滅会社の繰越欠損金を引き継ぐことができない
適格合併	✓　原則として引継ぎ可能（法法57②） ✓　当事者間の支配関係が５年以内に生じている場合は、その適格合併がいわゆる「みなし共同事業要件」を満たす場合又は設立から継続して支配関係がある場合を除き、(i) 支配関係が生じる前の消滅会社の欠損金、及び (ii) 支配関係が生じた後の消滅会社の欠損金のうち、消滅会社が支配関係の生ずる前から所有していた資産の譲渡等による損失に相当する金額は、原則として引き継ぐことができない（法法57③）
法人としての大株主（存続会社）の繰越欠損金の利用制限	
非適格合併	✓　存続会社は、存続会社の繰越欠損金を利用することができる（但し、包括的否認規定の適用に注意が必要）
適格合併	✓　原則として利用可能 ✓　当事者間の支配関係が５年以内に生じている場合は、その適格合併が「みなし共同事業要件」を満たす場合又は設立から継続して支配関係がある場合を除き、(i) 支配関係が生じる前の存続会社の欠損金、及び (ii) 支配関係が生じた後の存続会社の欠損金のうち、存続会社が支配関係の生ずる前から所有していた資産の譲渡等による損失に相当する金額は、原則として消滅する（法法57④）

⑶　各スクイーズアウト取引の比較

まず、大株主が発行会社の発行済株式株式総数の３分の２以上を直接に保有している場合、いずれの手法であっても、発行会社に対する課税を生じさせずにスクイーズアウト取引を実行することが可能である。

しかし、現金合併及び現金株式交換においては、その他の税制適格要件（すなわち、従業者引継要件及び事業継続要件）を満たす必要がある。さらに、現金合併は、発行会社が保有する許認可が消滅する等の法務上の理由や、発行会社の繰越欠損金の引継ぎができないことから選択しにくい。また、現金合併及び現金株式交換を行うためには、債権者異議手続を要し、費用及び時間を要することになる。

株式併合については、株式等売渡請求や現金株式交換と異なり端数処理が必要となるし、また、端数処理手続においては、大株主自身が端数の買取りを行わない限り、大株主も端数部分については他の株主と同様に譲渡益課税を受けるという問題がある。

このような観点からすると、大株主が発行会社の議決権の90％以上を保有している場合には、法務・税務上、株式等売渡請求を選択するのが最も適切であると考えられる。もし大株主が発行会社の議決権の90％以上を保有していなかった場合には、株式併合における端数処理の手続及び大株主に生じる課税と、現金株式交換における債権者異議手続及び税制適格要件を満たす可能性を比較考慮して、株式併合か現金株式交換を選択することになろう。

なお、株式等売渡請求を利用するために、大株主がその他の株主から発行会社株式の信託を受けたり、発行会社株式の借株を行ったりすることにより、議決権の90％以上を集めることは可能である(29)。したがって、少数株主のうち、株式を譲渡したくないものの、信託や貸株であれば受け入れられる者がいる場合、大株主は、信託や借株も検討することが望ましい。

---

(29)　信託をスクイーズアウト取引において用いる法的問題を検討するものとして、谷口達哉＝辻岡将基「スクイーズアウト取引における信託の活用可能性」みずほ信託プロダクツ法務研究会編『新たな信託ソリューションと法務』（きんざい、2022年）174頁以下参照。

4　少数株主からの訴訟リスク等

スクイーズアウト取引の各手法に関しては、会社法上、少数株主保護のための手続が用意されている。スクイーズアウト取引に反対する少数株主がいるケースにおいては、そのリスクを踏まえて、スクイーズアウト取引のスキームや対応策を検討する必要がある。

なお、以下で述べるもののほかに、少数株主は、スクイーズアウト取引によって損害を被った場合、発行会社の取締役に対し、職務を行うに際して悪意・重過失があったとして損害賠償責任（会社法429①）を追及することが可能である⑽。

⑴　株式等売渡請求における訴訟リスク

❶　差止請求

第１に、少数株主は、株式等売渡請求について、株式等売渡請求の効力発生日までに、株式等売渡請求に係る株式の全部の取得を止めることを請求することができる（差止請求。会社法179の７①）。

株式等売渡請求の差止事由は、①株式等売渡請求が法令に違反する場合、②会社が少数株主に対する通知（会社法179の４）や事前備置書類の規定に違反した場合（会社法179の５）又は③対価の額等が発行会社の財産の状況その他の事情に照らして著しく不当である場合であって、それぞれ少数株主が不利益を受けるおそれがあることである（会社法179の７①一～三）。株式併合の場合と異なり、明示的に、対価の不当性が差止事由として規定されている点に特徴がある。非上場会社の内紛に起因する少数株主の締出しについ

⑽　株式等売渡請求に関して、坂本三郎編著『一問一答　平成26年改正会社法』（商事法務、第２版、2015年）282頁参照、現金合併・現金株式交換に関して、田中亘『会社法』（東京大学出版会、第４版、2023年）718～719頁参照。

ては、当該締出し自体が「目的の不当な特別支配株主の行為」として法令違反（権利濫用）となる可能性も皆無ではないとする見解もあるので(31)、スクイーズアウト取引を進める上では、スクイーズアウト取引を行う事業上の必要性や目的を明確にし、資料として残しておくことが求められる。

この差止請求が認められた場合、差止請求を行う株主のみならず、他の株主からの株式の取得の全部が差し止められるため、影響が大きい。

なお、差止請求の被告は特別支配株主であることから、スクイーズアウト取引を行う大株主が自ら訴訟対応（弁護士の起用・費用負担等）する必要がある。

❷ 売渡株式等の売買価格の決定の申立て

第２に、株式の売買価格に不満がある少数株主は、売渡株式等の売買価格の決定の申立てを行うことができる（会社法179の８①)。少数株主にキャッシュアウトの価格の公正さを裁判で争う権利を認めたものである。

この売買価格の決定の申立ては、取得日の20日前の日から取得日の前日までの間に、会社の本店の所在地を管轄する地方裁判所に対して行われる（会社法179の８①・868③)。かかる売渡株式等の売買価格の決定の申立てが行われた例として、東京地判平成30年１月29日金商1537号30頁がある。

裁判所の価格決定の方法については、下記(3)❹を参照されたい。

❸ 売渡株式等の全部の取得の無効の訴え

第３に、少数株主は、取得日から１年以内（公開会社の場合は６か月）であれば、売渡株式等の全部の取得の無効の訴えを提起することができる（会社法846の２①)。被告は特別支配株主である（会社法846の３)。

無効事由は、解釈に委ねられているが、一般論としては、売渡等請求による取得手続の瑕疵のうち重大なものが無効原因に当たる。無効事由が認められる例としては、会社の取締役会・株主総会の決議の瑕疵、取得の差止仮処分命令への違反、対価である金銭の交付の著しい不履行等が挙げられる。こ

---

(31) 江頭憲治郎『株式会社法』（有斐閣、第８版、2021年）285頁。

の点につき、秋田地判令和３年２月26日2021WLJPCA02266002(32)は、「特別支配株主は、発行会社に対し株式等売渡請求をする旨を通知する時及びその承認を受ける時並びに売渡株式等の全部を取得する取得日において、株式会社の議決権の10分の９を直接又は間接に有していなければならず、特別支配株主として株式売渡請求をした者が、上記の各時点で議決権保有要件を満たさないことは、売渡株式等の取得の無効の訴えの無効事由（会社法846の２）に該当する。」と判示した。

また、対価が著しく不当な場合も、無効事由になると考えられる。これらに加えて、少数株主を締め出すこと以外に正当な事業目的を有しないことが無効原因に当たるかという点については、議論がある。有力な見解によれば、締出し目的のキャッシュアウトは、その目的の不当性ゆえに無効原因に当たり得るため(33)、慎重な対応を要する。

(2) 株式併合における訴訟リスク

❶ 差止請求

第１に、少数株主は、株式併合について、株式の併合をやめることを請求することができる（差止請求。会社法182の３）。

株式併合の差止事由は、株式併合が法令又は定款に違反する場合で、少数株主が不利益を受けるおそれがあることである（会社法182の３）。法令・定款違反に該当する例としては、株主総会決議の瑕疵、併合割合の不平等取扱い等が挙げられる(34)。株式等売渡請求と異なり、対価の不当性は差止事由として規定されていない。但し、株式併合を決定する株主総会決議の決議取消

(32) 控訴審：仙台高裁秋田支部令和３年７月21日2021WLJPCA07216001、上告審：最決令和４年４月８日2022WLJPCA04086001も結論を維持している。

(33) 江頭憲治郎『株式会社法』（有斐閣、第８版、2021年）286頁。

(34) 江頭憲治郎『株式会社法』（有斐閣、第８版、2021年）293頁等。なお、本文で引用した秋田地判の事案においても、この点が争点となったが、裁判所は、少数株主を締め出すことのみを目的として行われた不当なものであるとまで言うことはできないと判示し、無効事由となるか否かについて判断を示さなかった。

事由（会社法831①）がある場合に、これが本条の法令違反に該当する等と解する余地がある(35)。

被告は、株式等売渡請求の差止請求と異なり、発行会社である。

❷　反対株主の株式買取請求

第２に、少数株主は、株式併合により自らが保有する株式が端数となることに伴い、発行会社に対し、端数株式を「公正な価格」で買い取るように請求することができる（反対株主の株式買取請求。会社法182の４）。株式買取請求を行うことができるのは、会社法上の所定の条件を満たした「反対株主」である。請求期間は、株式併合の効力発生日から20日前の日から効力発生日の前日までの間である。

株式買取請求が行われた場合、少数株主と発行会社との間で、株式の買取価格について協議を行う。株式の買取価格は、協議が整った場合には両者が合意した価格となり、協議が整わない場合には、最終的には、裁判所が決定した価格となる（会社法182の５）。「公正な価格」の決定の方法については、下記(3)❹を参照されたい。

❸　株主総会決議の取消・無効確認訴訟

第３に、少数株主は、株式併合に係る株主総会決議の取消訴訟（株主総会決議取消しの訴え）を提起することができる（会社法830）。出訴期間は、決議の日から３か月以内である。また、株主総会決議の不存在又は無効確認の訴えを提起することもできる（会社法831）。これらの訴えについては、出訴期間の定めはない。

スクイーズアウト取引を行う場合に主に問題となるのは、株主総会決議取消しの訴えである。株主間の紛争がある中で、少数株主の締出しを行う目的で、株式併合を行うケース等においては、特別の利害関係を有する者（多数株主）の議決権行使による著しく不当な決議（会社法831①三）がなされた

---

(35)　岩原紳作編『会社法コンメンタール・平成26年改正・補巻』（商事法務、2019年）236～237頁〔飯田秀総〕。

として、取消事由が認められる可能性がある。この点について、札幌地判令和３年６月11日金商1624号24頁は、少数株主が株式併合は正当な事業目的がなく、当該少数株主だけを締め出す目的で行われたものであるから、株主総会決議は「著しく不当な決議」に該当すると主張したことに対し、「本件株式併合は、会社経営の転換期を迎えた被告において、その意思決定を円滑かつ迅速に進めるため、原告（注：少数株主）を株主から排除し、安定株主による会社支配権を確立することを目的として行われたものと認めるのが相当であって、これ自体、正当な事業目的ではないとまではいえない。」と判示している。このように、株式併合の実行後に際してはその目的が争われることがありうるため株式併合を行う場合、株式併合には正当な事業目的があることを明確にし、それを資料に残しておくことが必要であると思われる。

⑶　現金合併・現金株式交換における訴訟リスク

❶　差止請求

第１に、少数株主は、現金合併・現金株式交換について、合併や株式交換をやめることを請求することができる（差止請求。会社法784の２）。被告は発行会社である。

現金合併・現金株式交換の差止事由は、それが法令又は定款に違反する場合で、少数株主が不利益を受けるおそれがあることである（会社法784の２一)。法令違反が認められる例としては、合併契約又は株式交換契約の内容が違法である場合や、合併契約又は株式交換契約の承認決議の瑕疵等が挙げられる[36]。現金合併・現金株式交換が略式組織再編成に該当する場合は、株式等売渡請求の場合と同様に、対価の額等が当事会社の財産の状況及びその他の事情に照らして著しく不当である場合で、少数株主が不利益を受けるおそれがあることも、差止事由となる（会社法784の２二)。

略式以外の組織再編成においては、対価の不当性が差止事由とされていな

⒃　江頭憲治郎『株式会社法』（有斐閣、第８版、2021年）923頁、986頁。

い。但し、株式併合の箇所で述べたのと同様に、対価が不相当である組織再編成の承認決議に取消事由（会社法831①三）がある場合に、同決議の取消しの訴えを本案として、その決議の効力を停止し、その執行を禁ずる旨の仮処分を認める余地等がある(37)。

株式交換の差止請求権に基づき、株式交換の仮差止め請求が行われた著名な事件として、大阪高決令和３年12月７日裁判所ウェブサイト（関西スーパー対オーケー事件）がある(38)。

❷　反対株主の株式買取請求

第２に、少数株主は、発行会社に対し、自己が保有する株式を「公正な価格」で買い取るように請求することができる（反対株主の株式買取請求。会社法785）。

株式買取請求を行うことができるのは、会社法上の所定の条件を満たした「反対株主」である（会社法785②）。請求期間は、現金合併・現金株式交換の効力発生日から20日前の日から効力発生日の前日までの間である。株式買取請求が行われてから、発行会社が少数株主に対して株式買取の対価を支払うまでのフローは、株式併合の場合と概ね同様である（会社法786）。

❸　組織再編成の無効の訴え

第３に、少数株主は、現金合併・現金株式交換に係る組織再編成の無効の訴えを提起することができる（会社法828①七、十一）。出訴期間は、効力発生日から６か月以内である。

無効事由は、解釈に委ねられているが、一般論としては、組織再編成手続の瑕疵のうち重大なものが無効事由に当たる。その具体例としては、差止事由に該当する法令違反と大部分が重複するとされる(39)。

---

(37)　議論の概要として、岩原紳作編『会社法コンメンタール・平成26年改正・補巻』（商事法務、2019年）763～764頁、769頁以下〔伊藤靖史〕。

(38)　第一審：神戸地決令和３年11月22日2021WLJPCA11226006では仮差止めを認める決定が出されたが、第二審において仮処分決定が取り消され、仮処分命令の申立てが却下された。また、最高裁も許可抗告を棄却し、株式交換は実施された。

❹ 価格決定の方法

上記(2)❷及び(3)❷のとおり、少数株主（反対株主）は、株式等売渡請求、株式併合及び現金合併・現金株式交換に際して、自己の保有する株式を「公正な価格」で買い取ることを請求することができる。この場合、裁判所は、その合理的な裁量により、取得請求された株式の「公正な価格」を決定しなければならない(40)。売渡株式等の売買価格の決定の申立てがあった場合も、それが少数株主の保護のため設けられた制度である以上、裁判所は「公正な価格」を決定するべきであると解される(41)。

組織再編成時における「公正な価格」の一般的な考え方は、次のとおりである（第２部第２章01の１参照）。

組織再編成により企業価値の増加が生じない場合には、原則として、基準日において、組織再編成を承認する株主総会決議がなかったならば当該株式が有していたであろう価格（ナカリセバ価格）が「公正な価格」となる。

これに対し、組織再編成により企業価値の増加が生じる場合は、原則として、当該組織再編成によるシナジー効果その他の企業価値の増加を公正に分配した価格（組織再編成が公正な条件で行われたとすれば、基準日にその株式が有する価値。公正分配価格）が「公正な価格」となる。

独立当事者間で組織再編成が行われる場合には、当事会社の取締役が、あえて当該会社又はその株主に不利益な取引を締結し、株主がこれを承認するという事態は想定しがたい。そのため、一般に公正と認められる手続を経て組織再編成の効力が発生した場合には、当該株主総会における株主の合理的な判断が妨げられたと認めるに足りる特段の事情がない限り、当事会社の取締役及び株主の判断を尊重して、当事会社が合意した取引条件は公正なものとして、それを前提に基準日における公正な価格を決定する(42)。

---

(39) 江頭憲治郎『株式会社法』（有斐閣、第８版、2021年）925頁。
(40) 組織再編の事案につき、最判平成23年４月19日民集65巻３号1311頁。
(41) 田中亘『会社法』（東京大学出版会、第３版、2021年）672頁参照。
(42) 最決平成24年２月29日民集66巻３号1784頁。

他方で、親子会社間の組織再編成のように、組織再編成の当事者間に構造的な利害関係が存在する場合には、一方の当時会社の株主に不利益な組織再編が行われる可能性がある。そのため、第三者委員会を設置する等の公正性担保措置が講じられ、一般に公正と認められる手続により行われた場合には、特段の事情が無い限り、当事会社の取締役及び株主の判断を尊重して、基準日における公正な価格を決定する(43)。組織再編成が一般に公正と認められる手続により行われたとはいえない場合には、裁判所が独自に公正な価格を決定する(44)。

上記の考え方は、組織再編成以外における反対株主の株式買取請求だけではなく、スクイーズアウトにおける株式の価格決定にも妥当すると考えられる(45)。もっとも、非上場会社の株式の場合、上場会社の株式と異なり市場価格が存在しないこともあり、「公正な価格」をどのように認定すべきか否かについては、必ずしも議論が固まっていない(46)。裁判所がスクイーズアウトの実施価格より高額の公正価格を決定した場合には、スクイーズアウトの実施者にとって、当初の想定よりも多額の費用の支払が生じることになるため、実際にスクイーズアウトを実施する場合は、慎重な検討を行う必要がある。

5　所在不明株主の処理

株主からの株式の買集めがスクイーズアウト取引によって行われる場合、発行会社の株主のうちに所在不明株主が存在したとしても、スクイーズアウト取引自体を行うことは可能であり、所在不明株主と個別に株式譲渡契約を

(43)　全部取得条項付種類株式の全部取得によるスクイーズアウトが行われた事案であるが、最決平成28年７月１日民集70巻６号1445頁等。

(44)　最決平成21年５月29日金判1326号35頁（東京高決平成20年９月12日金判1301号28頁を是認）等。

(45)　非上場会社における株式等売渡請求の売買価格の決定に関し、東京高決平成31年２月27日金商1564号14頁。

(46)　非上場会社において、DCF法に従って公正な価格を決定した事案として、東京地決平成20年３月14日金判1289号８頁。

締結することなく、所在不明株主の保有する株式を取得できることになる。

しかし、スクイーズアウト取引によって所在不明株主の保有する株式を取得することとした場合であっても、実務的には、所在・連絡手段等が不明である株主に対して株式取得の対価を交付できないという問題が生じることとなる。仮に所在不明株主であっても、株式取得の対価を交付しないことは、原則として債務不履行となる。そのため、スクイーズアウト取引において株式取得対価を交付することとなる者(47)は、当該株式取得対価の所在不明株主に対する支払債務について債務不履行に陥ることを回避するため、「弁済の提供」（民法492）を行う必要がある。かかる弁済の提供は、株主名簿上の住所に宛てて行えば足りる（民法484、会社法126①参照）と考えられており(48)、具体的には、郵便為替等を当該住所に宛てて送付することが考えられる。送付した郵便為替等が会社に返送されてきた場合は、会社において当該代金を留保してもよいし、また、権利関係をより明確にしておくため、債権者不確知を理由とする供託を行うことも可能である（民法494）。

(47)　株式併合の場合はスクイーズアウト実施者（若しくはその協力者）又は発行会社、株式等売渡請求及び現金合併・現金株式交換の場合はスクイーズアウト実施者。

(48)　弥永真生ほか『会社法実務相談』（商事法務、2016年）362頁参照。

第2章

非上場株式を分散させる

非上場株式が分散する典型的な場面は、株主に相続が発生し、その相続人に株式が相続されるときである。通常は、第1章で説明したとおり、会社運営を安定化させるために、株式を集約させていくことになる。

しかし、株式を集約すると、大株主に相続が発生した場合に、遺留分や相続税の観点から問題が生じることがある。そこで、遺留分対策や相続税対策を兼ねて、大株主によって意図的に株式を分散したいというニーズが生じる。もっとも、単純に株式を分散化した場合、会社運営に支障をきたす可能性があるため、会社の支配権は維持しつつ、株式を分散化することが必要となる。

以下では、意図的に株式を分散化させる目的について解説したうえで（下記01）、分散化する前の準備や事後対応策（下記02）及び分散先ごとの法務・税務上の注意点（下記03）について、それぞれ説明する。

分散化の目的

01

非上場株式を意図的に分散化する主な目的は、大株主の遺留分対策及び相続税対策である。

1　遺留分対策

非上場会社の株主、特にオーナー兼経営者にとって、大きな課題となるのが遺留分対策である。遺留分制度については第2部第2章01の2(1)❷で解説しているが、贈与又は遺贈によって後継者に株式を承継させようとすると、必然的に非後継者である法定相続人の遺留分を侵害する可能性が高まることになる。オーナー兼経営者に株式以外に現預金や有価証券、土地等の十分な財産がある場合には、非後継者に対して株式以外の財産を承継させることによって、遺留分の問題を回避できる余地がある。しかし、多くの非上場会社のオーナー兼経営者は、自らの総財産に占める自社株式の割合が非常に高いため、この遺留分に関する課題にいかに対処するかという点が大きな課題となっている。

この遺留分対策として考えられるものは、遺留分放棄（民法1049①）や経営承継円滑化法に基づく固定合意・除外合意を行うことである。もっとも、遺留分放棄は、遺留分権利者である法定相続人自らが申し立てる必要があり、また、固定合意・除外合意は遺留分権利者である法定相続人の同意を要するため、遺留分権利者である法定相続人が反対した場合には別の対策を講ずる必要がある。

その代替策として検討されるのが、種類株式や信託、株主間契約を利用して、「支配権」と「財産権」を法的に分離し、後継者に「支配権」を集約しつつ、非後継者には「財産権」のみを承継させる方法である。これにより、遺留分の問題を解決しつつ、支配権の分散を防止し、経営の安定を図ることが可能となる。

種類株式を活用する場合であれば、オーナーが所有する自社株式の一部を完全無議決権株式に転換し、それを非後継者に相続させることが考えられる。

信託を活用する場合であれば、後継者や後継者が支配する法人を受託者として、自社株式を信託譲渡し（但し、先代が健在な間は支配権を自らに留保するケースがほとんどである）、非後継者には受益権を相続させることで、支配権を後継者に集約することができる。また、株主間契約であれば、先代と後継者の間で議決権拘束に関する合意をし、非後継者には株主間契約上の地位とあわせて自社株式を相続させることが考えられる。

2　相続税対策

多くの非上場会社オーナーにとって、相続税対策は喫緊の課題の一つである。日本の相続税率は最高で55%であり、先進国の中でもとりわけ高い水準となっている。さらに、非上場株式は、上場株式のように換金性が高いわけではないため、相続人が納税資金に窮することも少なくない。

オーナーの相続税対策は、大別すると「相続財産からの切離し」と「株価圧縮」の２つの類型にまとめることができる。このうち、「相続財産からの切離し」は、オーナーが所有する自社株式を第三者に移転することにより、相続財産から切り離すタックスプランニングであり、まさに株式の分散化そのものである。この対策は、あくまでも事業承継の一環として行われるものであるため、株式の分散先は安定株主である必要がある。例えば、従業員持株会は典型的な分散先の一つである。

「相続財産からの切離し」が相続税対策として機能するのは、自社株式をオーナーから配当還元価額（通常、原則的評価額よりも低い評価額となる）で第三者に移転することができるからである。個人間で非上場株式を売買により移転する場合における税務上の時価は、買主を基準とすることになるため、買主が親族外の役職員や従業員持株会等の少数株主であるときは、配当還元方式が適用されることになる（税務上の株式評価については第２部第２章02の１を参照）。これにより、オーナーの相続財産は、原則的評価額であった自社株式から配当還元価額相当の金銭に置き換わるため、その差額相当額について相続税が圧縮される効果がある。

もっとも、分散先の個人に相続が発生した場合に、株式が当該個人の相続人に分散する可能性があることから、遺留分対策と同様に支配権を維持できるように、分散する前に完全無議決権株式とすることや、強制的に買戻しができるような仕組みを導入しておくことが望ましい。

分散化の事前準備・事後対応　02

「遺留分対策」と「相続税対策」はいずれも贈与・相続という局所的な対策である一方、分散した株式はその後も分散先の株主が保有し続けることになる。分散先の株主は安定株主として機能することが期待されている。しかし、株式を分散する時点では友好的な関係であったとしても、その後の状況の変化によっては当該関係性が悪化する可能性があるので、将来にわたって安定株主であり続ける保証はない。また、個人株主の場合は、相続によって会社とは全く関係がない相続人に株式が分散する可能性もある。

そのため、株式を分散する際には、いかに支配権を維持したまま分散化するか、そして、将来における株式の（さらなる）分散をどのように防止するかという２点が重要となる。実務では、これらの課題を解決するための事前準備として、種類株式、定款における属人的定め及び相続人に対する売渡請求、事後対応として、株主間契約及び信託が考えられる（但し、種類株式や属人的定め、相続人に対する売渡請求を事後的に導入することも可能であるし、株主間契約及び信託を事前に準備することも可能であるため、事前・事後の区別は流動的である）。以下では、それぞれの手法の概要と注意点について簡潔に説明する。

1　種類株式の活用

(1)　概要

会社法は、株主がその有する株式の種類、数に応じて平等な取扱いを受けるという株主平等原則（会社法109①）を定めている。しかし、その一方で、株式の内容について特別な定めを設ける株式を発行することを認めている（会社法107・108）。定めることができる種類の内容は下表のとおりである。

種類株式の類型

項目	内容
剰余金の配当	剰余金の配当につき異なる定め
残余財産の分配	残余財産の分配につき異なる定め
議決権制限株式	株主総会において議決権を行使することができる事項につき異なる定め
譲渡制限株式	譲渡による当該種類の株式の取得について当該株式会社の承認を要することの定め
取得請求権付株式	当該種類の株式について、株主が当該株式会社に対してその種類を請求することができることの定め
取得条項付株式	当該種類の株式について、当該株式会社が一定の事由が生じたことを条件としてこれを取得することができることの定め
全部取得条項付種類株式	当該種類の株式について、当該株式会社が株主総会の決議によってその全部を取得することの定め
拒否権付種類株式	株主総会又は取締役会の決議すべき事項のうち、当該決議のほか、当該種類の株式の種類株主を構成員とする種類株主総会の決議があることを必要とすることの定め
取締役・監査役の選任に関する種類株式	当該種類の株式の種類株主を構成員とする種類株主総会において取締役又は監査役を選任することの定め

これらの類型のうち、分散化の事前準備として用いられるものは、主に「議決権制限株式」と「取得条項付株式」である。「議決権制限株式」は後継者以外の第三者に支配権が移転してしまうのを防止し、かつ、会社経営を安定化させる効果がある。一方、「取得条項付株式」は株式がさらなる分散の可能性が生じた場合に、強制的に会社が買い取って株式を集約できる効果があ

る。

❶　議決権制限株式

種類株式の一種である議決権制限株式を活用することにより、財産権と議決権（支配権）を分離できるため、分散化にとって有益である。例えば、遺留分対策として、後継者には議決権付株式を承継させ、それ以外の相続人には議決権制限株式を承継させることで、確実に後継者に対して支配権を承継させることができる。なかには、非後継者である相続人に配慮して、議決権制限株式に配当優先を付すことで、議決権は有しないものの、後継者よりも多くの経済的メリットを得られるようにアレンジすることもある。これらの仕組みはすべて種類株式を活用することで実現することができる。

もっとも、会社法や定款で定められた事項については、その種類株主を構成員とする種類株主総会で決議を行うことが求められている。すなわち、非後継者に承継する株式を完全無議決権株式とした場合であっても、種類株主総会において議決権を有することもあるため、すべての議決権を完全に排除することはできない。

会社法で定める種類株主総会の決議事項は、以下の表のとおりである。

種類株主総会の決議事項

決議事項	決議要件	条文（会社法）
ある種類の種類株式に損害を及ぼすおそれがある場合	特別決議	322①
拒否権付種類株式を設けた場合における拒否権の対象	普通決議	108①八・323
選任権付種類株式を設けた場合における当該取締役・監査役の選解任	普通決議（監査役の解任のみ特別決議）	108①・347・329①・339①
種類株式に譲渡制限を付す場合における定款変更	特殊決議	111②

種類株式に全部取得条項を付す場合における定款変更	特別決議	111②
譲渡制限株式の募集	特別決議	199④・200④
譲渡制限株式を目的とする新株予約権の募集	特別決議	238④・239④
譲渡制限のない会社の株式を保有する株主に対して、合併等により譲渡制限株式を交付することになる合併契約等の承認	特殊決議	783③・804③
種類株式発行会社である存続会社等において交付する株式が譲渡制限株式である場合における合併契約等の承認	特別決議	795④

このうち、会社法322条１項１号に掲げる、「株式の種類の追加」、「株式の内容の変更」及び「発行可能株式総数又は発行可能種類株式総数の増加」以外の行為については、定款で種類株主総会決議を要しない旨を定めることができる（会社法322②③）。逆に言えば、この３項目については、完全無議決権株式とした場合であっても、その種類株主の議決権を制限することができない。無議決権株式を保有する株主が非友好的株主のみになった場合、これらの３項目に関する意思決定の障害となる可能性があるため、後継者も無議決権株式を保有するようなアレンジが考えられる（下記(3)❷参照）。

❷　取得条項付株式

取得条項付株式は、一定の事由が生じたことを条件に、発行会社の取締役会の決議に基づき、対象となる株式を強制的に取得することができるものである。

取得条項付株式が用いられるのは、株式を分散した後に、分散先株主と会社との関係が消滅した場合に強制的に集約するような場合である。例えば、オーナーから自社株式を譲り受けた役職員が退任又は退職（死亡退職を含む）することにより、会社と無関係になるような場面で、当該株式を当該役職員から取得することで分散を防止するという効果を発揮することになる。

取得条項付株式を導入する場合、発行会社は次の内容を規定する必要がある（会社法107②三・108②六）。

・一定の事由が生じた日に当該会社がその株式を取得する旨及びその事由 ・一定の事由が生じた日に取得条項付株式の一部を取得することとするときは、その旨及び取得する株式の一部の決定の方法 ・取得対価を交付するときはその種類・内容、数・額又は算定方法

取得条項付株式に係る取得事由は、例えば株主である役職員が発行会社から退任又は退職することや、一定の日の到来を条件とすることが典型的であるが、より柔軟な設計とするために、会社が任意に取得日を定める仕組みとすることもできる（会社法107②三ロ・168）。

また、取得対価の算定方法は、算式に一定の数値をあてはめること等により一義的に対価となる株式の数を算定することができるものでなければならず、例えば、「取締役会の定める数」というような裁量の余地があるものは許されないと解されている(49)。また、取得対価に相当性は要求されないと解されているため(50)、取得条項付株式の株主における取得価額と定めたり、財産評価基本通達に基づく配当還元価額と定めたりすることも考えられる。

なお、取得条項の行使により発行会社が株式を取得する行為は、自己株式取得に該当するため、当然に財源規制に服することになる（会社法461①二・三）。取得の対価とする財産の帳簿価額（発行会社の株式を除く）が分配可能額を超える場合には、取得の効力が発生しないことになる点に注意が必要である（会社法170⑤）。

(49) 相澤哲・葉玉匡美・郡谷大輔編著『論点解説　新・会社法　千問の道標』（商事法務、2006年）78頁参照。
(50) 同・79頁参照。

⑵　種類株式を導入するための法的手続

❶　新規発行する場合

新たに種類株式を発行する場合には、その種類の内容及び発行可能種類株式総数を定款に定めなければならない(会社法107②・108②)。定款の変更は、株主総会の特別決議により行う（会社法309②十一)。

すでに２以上の種類の株式を発行している会社が、新たな種類の株式を追加する場合において、ある種類の株式の種類株主に損害を及ぼすおそれがあるときは、その種類株主で構成する種類株主総会の特別決議が必要となる(会社法322①一・324②四)。この「損害を及ぼすおそれ」という文言の解釈には争いがあり(51)、一義的に有利か不利か決められないこともあるため、実務上は保守的に広く種類株主総会の決議を行っている。但し、後継者以外の者のみが種類株式を有している場合、種類株主総会が必要であるとすると、当該後継者以外の者の意向によっては後継者が自由に資本政策を行うことができなくなるという弊害も考えられる。種類株主総会の決議の要否については、慎重に検討しておく必要がある。

また、種類株式を新規発行する場合、資本金が増加することから、資本金の増加に係る登録免許税が必要となる。

❷　既存株式の内容を変更する場合

すでに発行している株式について、一部の株式のみの内容を変更する場合には、まず定款変更のための株主総会の特別決議が必要となるものの、資本金は増加しないため、資本金の増加に係る登録免許税は不要となる。これに加えて、①会社と内容が変更される株主との合意及び②内容が変更されない株主全員の同意を得なければならない(52)。内容が変更されない株主全員の同意（②）は、当該株式の種類の変更により、これらの株主に不利益が全くな

---

(51)　岩原紳作編『会社法コンメンタール７－機関⑴』（商事法務、2013年）337～338頁。
(52)　昭和50年４月30日民四2249号民事局長回答。

いといえる場合には理論的には不要であるが、実務上は、紛争リスクを回避するために全員から同意を得ることがほとんどである。

したがって、敵対的な株主グループが存在すると既存株式の内容を変更することは困難であり、種類株式を新規発行する必要がある。

(3) 種類株式を利用する場合の課題

❶ 親族内紛争の契機となるリスク

種類株式を利用する主な目的は、非後継者の遺留分に配慮しつつ、後継者に支配権を集約することにある。その場合に、非後継者が承継する議決権制限株式に配当優先が付されることもあるが、実際には配当が支払われないことも多く、また、後継者（及びその配偶者、子等）が多額の役員報酬を受領し、会社に留保利益を残さない、経営陣として、株主総会において、そもそも配当議案を提案しないといったことも考えられる。

このようなケースでは、非後継者にとっては、相続税や贈与税の負担は普通株式とほぼ同等でありながら、財産的には何らリターンのない無価値な財産を承継させられているに等しい。そのため、種類株式の活用は、後継者の視点からは、議決権が集約され、安定的に経営できる仕組みかもしれないが、創業家全体からすると、種類株式を活用したがゆえに、後継者と非後継者との間で親族内紛争が生じる原因となる可能性は否定できない。

❷ 種類株主総会の決議

種類株式を発行した場合、種類株主総会を開催する必要が生じることがある。会社法で定める種類株主総会の決議事項は、62ページの「種類株主総会の決議事項」のとおりである。このうち、会社法322条１項１号に掲げる、「株式の種類の追加」、「株式の内容の変更」及び「発行可能株式総数又は発行可能種類株式総数の増加」以外の行為については、定款で種類株主総会決議を要しない旨を定めることができる（会社法322②③）。たとえ無議決権株式であったとしても、この３項目については、その種類株主の議決権を制限することができない。

したがって、「株式の種類の追加」、「株式の内容の変更」及び「発行可能株式総数又は発行可能種類株式総数の増加」を行う場合、必ず種類株主総会を開催し、当該種類株主総会ごとに承認決議を得る必要がある。例えば、無議決権株式を非友好的株主のみが保有している場合には、種類株主総会において承認決議を得ることができず、意図した取引を実行できない可能性がある。そこで、後継者にも無議決権株式を承継させ、種類株主総会における議決権の過半数を確保させることが考えられる。例えば、創業者である父が発行済株式1,000株のすべてを保有している場合に、後継者である長男には普通株式１株と無議決権株式749株、非後継者である長女には無議決権株式250株を承継させ、後継者が３分の２以上の無議決権株式を保有するようにアレンジすれば、後継者は種類株主総会をコントロールすることができるようになる。

❸ 種類株式の評価

種類株式を事業承継に利用する場合、税務上及び私法上において、その種類株式がどのように評価されるのかという点が課題となり得る。

平成18年５月に施行された会社法で多様な種類株式を発行することが認められるようになったが、税務上の種類株式の評価は明文上の定めがなく、明確化が望まれていた。そのような意見に対し、税務当局は、文書回答事例「相続等により取得した種類株式の評価について（平成19年２月26日）」及び資産評価企画官情報第１号「種類株式の評価について（平成19年３月９日）」を公表し、以下に掲げる３類型の種類株式について、その評価方法を明らかにした。

配当優先の無議決権株式の評価

配当優先株式の評価

配当について優先・劣後のある株式を発行している会社の株式を①類似業種比準方式により評価する場合には、株式の種類ごとにその株式に係る配当金（資本金等の額の減少によるものを除く。以下同じ。）によって評価し、②純資産価額方式により評価する場合には、配当優先の有無にかかわらず、従来どおり財基通185項の定めにより評価する。

無議決権株式の評価

同族株主（原則的評価方式が適用される同族株主等をいう。以下同じ。）が無議決権株式を相続又は遺贈により取得した場合には、原則として、議決権の有無を考慮せずに評価するが、次のすべての条件を満たす場合に限り、又は原則的評価方式により評価した価額から、その価額に５％を乗じて計算した金額を控除した金額により評価するとともに、当該控除した金額を当該相続又は遺贈により同族株主が取得した当該会社の議決権のある株式の価額に加算して申告することを選択することができる（以下、この方式による計算を「調整計算」という。）。

【条件】

イ．当該会社の株式について、相続税の法定申告期限までに、遺産分割協議が確定していること。

ロ．当該相続又は遺贈により、当該会社の株式を取得したすべての同族株主から、相続税の法定申告期限までに、当該相続又は遺贈により同族株主が取得した無議決権株式の価額について、調整計算前のその株式の評価額からその価額に５％を乗じて計算した金額を控除した金額により評価するとともに、当該控除した金額を当該相続又は遺贈により同族株主が取得した当該会社の議決権のある株式の価額に加算して申告することについての届出書が所轄税務署長に提出されていること。

ハ．当該相続税の申告に当たり、評価明細書に、調整計算の算式に基づく無議決権株式及び議決権のある株式の評価額の算定根拠を適宜の様式に記載し、添付していること。

社債類似株式の評価

次の条件を満たす株式（以下「社債類似株式」という。）については、評価通達197－2（(利付公社債の評価)）の(3)に準じて発行価額により評価する。また、社債類似株式を発行している会社の社債類似株式以外の株式の評価に当たっては、社債類似株式を社債であるものとして計算する。

【条件】

イ．配当金については優先して分配する。

また、ある事業年度の配当金が優先配当金に達しないときは、その不足額は翌事業年度以降に累積することとするが、優先配当金を超えて配当しない。

ロ．残余財産の分配については、発行価額を超えて分配は行わない。

ハ．一定期日において、発行会社は本件株式の全部を発行価額で償還する。

ニ．議決権を有しない。

ホ．他の株式を対価とする取得請求権を有しない。

拒否権付株式の評価

拒否権付株式については、普通株式と同様に評価する。

この評価方法における重要なポイントは、議決権の価値をゼロとしている点である。拒否権付株式の「拒否権」には価値がないものとして、普通株式と同様に評価すると定めており、また、無議決権株式の評価においても、「原則として議決権の有無を考慮せずに評価する」と説明されている。これは、税務当局が議決権には価値がない、又は価値を評価することが難しいと認識していることを示している証左であろう。

但し、これらの取扱いは、相続若しくは遺贈又は贈与により非上場株式が取得された場合のみを対象とするものであり、種類株式の譲渡を行った場合の種類株式の時価を算定する方法として妥当であるかについては明らかにされていない。また、上記の３類型以外の種類株式の評価方法は示されておらず、個別に判断しなければならない点は今後の実務に残された大きな課題であるといえる。

この点について、取得条項付株式に関する税務上の時価が争われた唯一の事案である国税不服審判所裁決令和4年1月20日公刊物未搭載が参考となる。同事案は、発行会社が取得条項の行使により株主から取得条項付株式を取得し、株主は償還価額をもとに譲渡損益を計上したところ、税務当局が当該償還価額は税務上の時価とは認められないと主張して更正処分を行ったものである。

審判所は取得条項付株式を普通株式として評価したうえで、税務当局が主張する価額がその評価額の約8倍になったこと、議決権の制約や現金対価の取得条項の存在が普通株式の時価との関係で減価要因にもなるという見解があることを踏まえ、純資産価額を基礎として株価を算定した税務当局の主張を排斥している。それと同時に、審判所は、納税者が主張した償還価額が時価であるとする主張も排斥しているが、取得条項付株式の時価が償還価額を上回ることはないとの判断を示して、更正処分を取り消した(53)。

審判所は、普通株式として評価した金額からどのような減価要因に基づいて償還価額を上回ることはないと判断したのか明示しておらず、この裁決を通じて取得条項付株式の評価方法が明確化されたとは言い難い。

また、審判所が、償還価額が取得条項付株式の時価ではないと判断したことには疑問がある。すなわち、税務上の時価とは、一般に財産の「客観的な交換価値」のことをいい、「それぞれの財産の現況に応じて、不特定多数の当事者間で自由な取引が行われる場合に通常成立すると認められる価額」をいうと解されている(54)。いつでも取得条項を行使し得る状態にある金銭対価の取得条項付株式を第三者に譲渡しようとすると、償還価額を超える金額で売買が成立することは通常あり得ないと思われる(55)。上記の時価の定義を踏まえると、取得条項付株式の時価は、少なくとも償還価額を上回ることはな

---

(53) T&A master 923号9頁（2022年）。

(54) 東京地判平成27年11月19日税資265号順号12756及びその控訴審である東京高判平成28年4月13日税資266号順号12841ほか。

い（つまり、償還価額が取得条項付株式の時価であることもあり得る）と考えるのが合理的であるといえよう。

以上が税務上の種類株式の評価方法であるが、遺留分の基礎財産を算定する場合における種類株式の評価は税務上の評価と同様に考えるべきであるかが問題となる。遺留分算定に関して、種類株式の評価が争点となった事案は確認できておらず、裁判所がどのような判断を示すかという点は未だ明らかとなっていない。もっとも、税務上の財産評価は、課税の公平を図るために、画一的な評価方法が定められているのに対して、遺留分算定における財産評価は、相続人の生活保障や相続期待権の保護という遺留分制度の趣旨に即した評価方法が用いられるべきであり、両者の目的が異なることを考慮すると、税務上の評価方法を直ちに遺留分算定における財産評価に用いることはできないと思われる（第２部第２章01の２⑴❷も参照）。

したがって、事業承継に種類株式を活用する場合には、親族内紛争を予防するためにも、遺留分算定の観点からも、遺留分権利者が承継する株式の本質的な価値を把握する必要がある。

2　定款における属人的定めの活用

⑴　概要

株主平等原則の例外として、非公開会社については、「剰余金の配当を受ける権利」、「残余財産の分配を受ける権利」、及び「株主総会における議決権に関する事項」について、株主ごとに異なる取扱いを行う旨を定款で定めることができる（会社法109②）。これを属人的定め（実務では「属人株」ということもある）という。

種類株式と異なる点としては、登記が不要で、議決権について柔軟な設計

---

(55)　渋谷雅弘「種類株式の評価」金子宏編著『租税法の基本問題』（有斐閣、2007年）674頁、日本公認会計士協会「種類株式の評価事例」（平成25年11月６日、経営研究調査会研究報告第53号）においても同旨である。

が可能な点が挙げられる。例えば、オーナーの複数名の子に承継する持株数を同数にしつつ、後継者については議決権を加重したり（複数議決権）、逆に異なる持株数でありながら、全株主の議決権を同じ数にすることも可能となる。通常の事業承継では、一人の後継者に議決権を集約することが行われているため、このような議決権を多様な形にアレンジすることは不要とも考えられるが、その一方で、一人の後継者による恣意的な行為を防止するための仕組みとして、属人的定めを活用した議決権の多様化は事業承継にも取り入れる余地があるように思われる。

種類株式と属人的な権利の比較

	種類株式	属人的定め
株式の内容かどうか	株式の内容	株式の内容ではない
具体的な内容	剰余金の配当 残余財産の分配 議決権制限 その他、譲渡制限、取得請求権、取得条項等会社法の定める事項	①剰余金の配当 ②残余財産の分配 ③株主総会における議決権に関する事項
議決権に関する事項	（全体）株主総会で一定事項の議決権を有しないとすることに限定	1株当たり複数議決権等柔軟な定めが可能
定款の定め	必要	必要
登記	必要（法定の種類株式の内容について）	不要

(2) 属人的定めを規定するための法的手続

属人的定めを定款で定め、又は変更する手続は以下のとおりである。

①設立時	発起人が属人的な権利を定めた定款を作成し、全員がこれに署名し、又は記名押印する（会社法26①）
②定款変更（新たに定める場合）	株主総会の特殊決議（会社法309④） （総株主の半数以上（頭数）であって、総株主の議決権の４分の３以上にあたる多数をもって行う。但し、いずれも定款でこれを上回る割合の定めをした場合はその割合）
③定款変更（内容等を変更する場合）	株主総会の特殊決議（会社法309④）＋種類株主総会の決議
④定款変更（廃止する場合）	株主総会の特別決議（会社法309②十一）＋種類株主総会の決議

上記③、④の種類株主総会の決議は、属人的定めを受けた株主が種類株主とみなされ（会社法109③）、種類株主総会の規定が適用されるため、種類株主総会の決議が必要とされる。属人的定めの定めが異なる複数の株主がいる場合には、各人ごとに種類株主総会が構成されるため、それぞれで種類株主総会の決議が必要となる。

(3) 属人的定めをする場合の課題

❶ 法務上の課題

属人的定めは、株主平等原則の例外とされているものの、特定の株主の権利を実質的に奪うものである場合には、株主平等原則の趣旨に違反して無効になる可能性がある。実際に、そのように判示している裁判例（東京地判立川支部平成25年９月25日判例集未登載）もあるため、属人的な権利の定めを設計する際には注意する必要がある。たしかに、本裁判例は、属人的な権利の定めを株主平等原則の例外と位置付けながら、株主平等原則の趣旨が及ぶと判断しており、また、控訴後に和解していることから、先例価値は必ずしも高くないと思われる。しかし、目的の正当性や手段の相当性によって判断することは、会社法だけではなく権利濫用等に係る裁判所の判断枠組みとして共通のものであり、多数決の濫用という一般法理等により会社の機関に係る決議の効力が無効とされることも否定できない。そのため、属人的定めの定めを設ける際には、このような裁判例があるということを念頭に置いておく必要がある。

さらに、属人的定めをした場合、当該株主に相続が生じた際に、属人的定めの内容は当該株主の相続人に承継されないことから、相続に対応した措置も必要となる。

❷ 税務上の課題

属人的定めについては、税務上の評価方法が明らかにされていない。この点は、評価方法が公表された３類型以外の種類株式と同様に、事業承継に属人的定めを用いる場合の不確定要素となり得る。

属人的定めは、株式ではなく、株主にその権利が帰属しているため、相続又は贈与により株式が後継者に承継されると、上記のとおり、原則として属人的定めの権利が失われることになる。この場合であれば、後継者が取得する株式は、普通株式と同様の権利内容であることから、株式評価が問題になることはないと考えられる。もっとも、属人的定めが特定の地位（例えば発行会社における代表取締役の地位）と紐づいているような場合には、後継者が代表取締役に就任したうえで、株式を承継すると、実質的に先代から属人的定めに関する権利関係を承継することとなるため、その権利関係について税務上の評価が求められるケースもあり得る。

具体的な評価方法としては、属人的定めが、剰余金の配当、残余財産の分配及び議決権について株主ごとに異なる取扱いを定めるものである点に着目し、これらの要素を、３類型の種類株式の評価方法にあてはめて評価することが考えられる。但し、属人的定めの内容が、特定の株主に極端に有利になっているような場合（例えば、属人的な権利を有する株主に剰余金の配当や残余財産の大半が支払われ、又は分配されるような場合）、経済的な実態が適正に評価に反映されない可能性もあることから、財産評価基本通達６項が適用される可能性も含めて、慎重な検討が必要になる。

3　相続人に対する売渡請求の活用

⑴　概要

発行会社が譲渡制限を設けていたとしても、相続又は合併といった一般承継により株式を承継した場合には、発行会社の承認は必要ない。そこで、分散化をした後に、分散先の少数株主において相続が生じた場合や少数株主である法人が吸収合併された場合、大株主にとって好ましくない者が株主となることも考えられる。このように、株式が一般承継される場合に対応するものとして、会社法上、一般承継をした者（本書では、相続を念頭に、相続人について説明する）に対する売渡請求制度が設けられている。この相続人に対する売渡請求制度とは、相続その他の一般承継により株式（譲渡制限株式に限る）を取得した者に対し、相続その他の一般承継があったことを知った日から１年以内に、当該株式を会社に売り渡すよう請求することができる制度である（会社法174）。したがって、分散化の前に、相続人に対する売渡請求制度を導入しておくことで、将来、少数株主に相続が発生した場合であっても対応することができる。

⑵　相続人に対する売渡請求を導入するための法的手続

相続人に対する売渡請求を利用するためには、会社の定款にその定めがあることが必要である。したがって、導入には株主総会の特別決議が必要となる。また、会社法上、この定款の定めを設けることができる時期について限定していないことから、相続発生後に定款変更をして当該定めを置いたとしても、売渡請求は可能であるという見解（東京地決平成18年12月19日資料版商事法務285号154頁）と、それは認められないという見解[56]が存在する。したがって、念のため、分散化の前に相続人に対する売渡請求制度を導入しておくことが望ましい。

この相続人に対する売渡請求制度は、登記事項とされていないため、定款変更のみで対応可能である。

(3) 相続人に対する売渡請求制度の課題

❶ 法務上の課題

相続人に対する売渡請求制度は、会社が相続その他の一般承継があったことを知った日から１年以内に行使しなければならない。この売渡請求をしようとするときは、その都度、株主総会の普通決議が必要となる（会社法175①)。なお、かかる株主総会において、売渡請求の対象となる株主は、原則として、議決権を行使することができない（会社法175②)。そのため、大株主が死亡した場合、少数株主が結託して、大株主の相続人に対して株式売渡請求を行うことも考えられる[57]。したがって、相続人に対する売渡請求は、大株主にとって諸刃の剣になり得る点を認識しておくべきである。

また、買取の主体は、発行会社であるため、相続人に対する売渡請求を行使した場合、当該株式の取得は自己株式の取得となる。したがって、自己株式を取得するのに十分な分配可能額も必要となる（会社法461①五)。

特定の株主から自己株式を取得する場合は、原則として、他の株主に対して売主追加請求権を行使できる旨を通知する必要があるが（会社法160②③)、相続人等から自己株式を取得する場合には同規定の適用がないため（会社法162)、他の株主は売主追加請求権を行使することができない。

また、相続人が複数存在している場合、共同相続により、株式は（準）共

---

(56) 山下友信編『会社法コンメンタール４－株式(2)』（商事法務、2009年）121頁〔伊藤雄司〕参照。

(57) 岩原紳作「自己株式取得、株式の併合、単元株、募集新株等」ジュリ1295号41頁。

有となる（会社法106）。この場合、（準）共有者のうち、特定の者に対して共有持分の売渡請求をすることができるかという点が問題になるものの、東京高判平成24年11月28日資料版商事法務356号30頁は、準共有者の一部の者のみに対して売渡請求することを認めている。かかる見解によれば、相続人のうち、好ましくない者のみに対して売渡請求をすることも可能であると考えられる。

また、相続人が少数株主である場合には、買取価格を配当還元方式による評価額とすることも可能であるが、相続人側の対抗手段として、売買価格に不満がある場合、裁判所に対して売買価格の決定の申立てをすることができる（会社法177②）。裁判所による売買価格の考え方については、第2部第2章01の1参照。裁判所の決定によっては、大株主が想定していた額よりも多額の現金が会社から流出してしまう可能性もある。

❷　税務上の課題

相続人に対する売渡請求は、発行会社による自己株式の取得となるため、原則として、相続人において、みなし配当及び株式の譲渡損益が生じることになる。しかし、相続財産である株式を発行会社に対して譲渡した場合、以下の2つの特例が利用可能である（第2部第1章03の2(1)❸参照）。

・みなし配当に係る課税特例
・相続財産を譲渡した場合の取得費の特例

相続人が少数株主である場合には、買取価格を配当還元方式による評価額とすることも可能である。発行会社にとっては原則的評価方式による評価額が時価となるため、低額による自己株式の取得であるものの、自己株式の取得は資本等取引に該当するため、課税関係は生じない。しかし、既存株主に対して利益が移転したとして、既存株主に課税関係が生じる可能性もある（第2部第2章02の3(1)参照）。

なお、発行会社において、みなし配当の部分は源泉徴収の対象となるが、みなし配当に係る課税特例が適用される場合には、源泉徴収は不要である。

4　株主間契約の活用

(1)　概要

株主間契約とは、複数の株主間で、会社の運営等について合意された事項を契約書として文書化したものである。株主間の契約であるため、会社法上の強行規定や公序良俗に反しない限り、自由に内容を定めることができる。もっとも、株主間契約は事業承継の局面であまり活用されていないのが実情である。その理由としては、契約であるがゆえの限界という点が挙げられる。すなわち、株主間契約は、契約当事者以外の第三者に対して法的拘束力を有しておらず、かつ、契約当事者が契約内容に反するような議決権行使等をした場合であっても、原則として当該議決権行使は有効であると解されており、契約内容を強制的に実現することはできず、違反をした相手方には債務不履行による損害賠償を問うことしかできない。例外的に、株主全員で株主間契約を締結している場合に、契約当事者が契約に反する議決権行使により成立した決議は取消しの対象になると解されているが(58)、株主全員の同意を得られるのであれば、そもそも株主間契約である必要はなく、種類株式を活用したほうが安定性を確保することができる。その点で、株主間契約は株主全員の同意を得られない場合の次善策や、種類株式の内容として定められない事項について種類株式と併せて活用することが考えられる。

さらに、分散化後に、大株主と少数株主との間で株主間契約を締結できたとしても、大株主又は少数株主に相続が開始した場合、株主間契約の契約上の地位は相続人に相続されることで、関係者が増加し、株主間契約の見直し等に支障が生じることが想定される。したがって、そうした事態を回避するために、定款において相続人に対する売渡請求を規定するか、株主間契約で

---

(58)　江頭憲治郎『株式会社法』(有斐閣、第８版、2021年) 352頁。

コールオプション（株式買取請求権）を付しておくことが望ましい。

(2) 具体的な条項例

株主間契約は、達成したい目的に応じて様々な条項が規定されるが、典型的には、重要な事業に関する情報提供やオブザーバーの取締役会への参加、重要事項の決定に関する拒否権等のガバナンスに関する条項、株式の譲渡制限や希薄化の防止、先買権等の株式に関する条項が定められる。以下では、非上場会社において通常規定される条項である議決権拘束合意とコールオプションに限定して解説する。

❶ 議決権拘束合意

議決権拘束合意とは、ある株主が株主総会における議決権の行使方針について、他の株主と事前に合意しておくことをいう。株式を分散する局面においては、大株主が発行会社を支配していることから、分散先の株主が株主総会において、発行会社の提案に従って議決権を行使するという合意をすることが考えられる。例えば、以下のような内容を規定することがある。

> 第○条（株主権の行使）
> 当事者【注：大株主と少数株主】は、発行会社の提案するところに従い、発行会社の株主総会における議決権の行使その他の株主権の行使を行うものとする。

❷ コールオプション

コールオプションとは、合意をした一方の当事者が、他の当事者が保有する株式について、予め定めた一定の条件で買い取ることができる権利をいう。

株式を分散した後においては、分散元である大株主がコールオプションの付与を受け、一定の事由が生じた場合に、分散先である少数株主から株式を買い戻すアレンジをしておくことが考えられる。これにより、分散先の少数株主が発行会社の従業員である場合、当該従業員が発行会社を退職（死亡退職を含む）したことを事由として、大株主が株式を強制的に買い戻すことができる。

また、コールオプションの行使価格は、例えば、合弁会社における株主間契約の実務においては、当事者が別途合意する価格や、独立した評価機関が算定する公正価格等とすることもあるが、分散化の目的に照らし、行使価格を巡る当事者間の争いを避けるために、分散先株主における取得価額等の固定額としておくことが望ましいだろう。

> 第○条（コールオプション）
> 1．甲（注：大株主）は、以下に定める事項が発生した場合、当該事項が発生した時以降いつでも期限なく、乙（注：少数株主）（第2号に該当する場合は乙の相続人（以下本項において同じ。））に対して書面で通知することにより、乙が、自己の保有する発行会社の株式の全部を甲に対して譲り渡すことを請求することができるものとし、かかる請求が行われた場合、乙は本条に従い、保有する発行会社株式の全部を甲に対し売り渡したものとみなす。
> ⑴　乙が発行会社を退職した場合
> ⑵　乙が死亡した場合
> 2．前項の規定に従って甲が乙の保有する発行会社株式を買い取る場合、1株当たりの買取価格は、○○円とする。

⑶　株主間契約を締結する場合の課題

❶　法務上の課題

コールオプションを設定していた場合、当該コールオプションを行使して強制的に株式を取得することができるか、という問題がある。すなわち、少数株主が任意に株式の譲渡に応じてくれなかった場合に、どのように対応すべきかという問題である。

この点については、まず、大株主が少数株主に対して譲渡の意思表示を命じる判決を取得した上で､強制執行することになる。強制執行の方法として、発行会社が株券発行会社か株券不発行会社かによって異なる（下表参照)。

株式に対する強制執行

株券発行会社の場合	株券が発行されている場合	動産執行手続を行い、株券の引渡命令により株券の引渡しを受ける。
	株券不所持又は株券未発行の場合	その他の財産として株式を差し押さえた上、株券発行請求権を行使して株券の発行を受けた上、株券の引渡命令により株券の引渡しを受ける。
株券不発行会社の場合	その他の財産として株式を差し押さえた上、譲渡命令により株式の譲渡を受け、譲渡承認請求・株主名簿書換請求の意思表示を行う。	

また、株主間契約の定め方次第では、一義的に決まる意思表示が（条件付きで）株主間契約そのものにおいて既になされているとして、それに従った譲渡承認決議や株主名簿の書換え等の譲渡処理を発行会社において行うことができるような場合もあり得ないわけではないだろう（その場合、それを争う株主の側で、発行会社の株主である地位を確認する等の訴訟を提起することになる)。

❷　税務上の課題

株主間契約において、コールオプションの行使による株式買取に関し、買取価格を決めておきたいというニーズがある。上記のとおり、株式の分散化は遺留分や相続税対策の側面があり、一定の事由が生じた場合には株式を買い戻すことを前提にしているため、分散先株主に多額の譲渡益を生じさせることを想定していないことが多い。そのため、買取価格を分散化した際の株式譲渡価格（分散先株主における取得価額）にすることもある。

しかし、コールオプションの行使による株式買取価格は、行使時の適正な時価でなければ、(通常は低額譲渡として）みなし譲渡所得課税、寄附金課税、受贈益課税のリスクがある。もっとも、場合によっては、課税リスクを引き受けたとしても、買取価格を確定させたいという意向もあり得るので、株主間契約において買取価格を確定した上で、行使時における税務リスクのインパクトを考慮しつつ、買取価格を検討することになろう。

5　信託の活用

(1)　概要

分散化を行うと、大株主の議決権割合が減少し、発行会社に対する支配が弱くなってしまう。そこで、株式を分散化しつつ、議決権を大株主が維持する法的仕組みとして、信託を活用することが考えられる。信託によって、株式の議決権と経済的利益を分離することができ、当該大株主が議決権を留保しつつ、かつ、分散先には受益権を取得させ、経済的利益を享受させるというアレンジが可能となる。

信託は、従前、金融商品としての利用以外には、日本で一般的に活用されてきたとは言い難い。しかし、平成19年に改正信託法が施行され、また平成20年９月１日に中小企業庁から「中間整理～信託を活用した中小企業の事業承継の円滑化に向けて～」が公表されたことなどにより、会社法や民法の法的な検討・整理が進み、信託の活用可能性が広がった。

以下では信託の仕組みを説明した上で、活用する場合の課題について解説する。

(2)　信託の法的仕組み

信託の当事者は、委託者、受託者及び受益者の三者が基本となる。委託者、受託者及び受益者はそれぞれ複数存在する場合もある。その他に、信託監督人や信託管理人、受益者代理人といった、受益者を保護する者を置くことができる場合もある。以下では信託契約の基本となる三者と信託財産の法律関係について確認する。

❶ 信託の当事者

ア 委託者

委託者は、ある財産を信託する者とされる（信託法２④）。個人・法人を問わず、誰でも委託者として信託の設定ができる。ただ、委託者は、信託の設定により財産の処分等を行うため、未成年者等の制限行為能力者が委託者となる場合には、民法により親権者の同意等が必要となる（民法５①等）。

イ 受託者

受託者とは、①信託の定めに従い、②信託財産に属する財産の管理又は処分及びその他の信託の目的の達成のために必要な行為をすべき義務を負う者とされる（信託法２⑤）。

個人の場合、未成年者、成年被後見人、被保佐人等の制限能力者は、受託者となることができない（信託法７）。また、法人の場合は、信託の引受けが法人の権利能力の範囲に属していなければならない（民法34）。商事信託として、信託の引受けを営業としてする場合には、内閣総理大臣の免許等を受けなければならず、個人が行うことはできない（信託業法３・７、金融機関の信託業務の兼営等に関する法律１）。

民事信託において、親族内や限られた範囲の専門職を当事者として信託を組成する場合、個人が受託者になることもあるが、その個人に相続が生じると新たに受託者が就任する必要があるため、注意が必要である。

ウ 受益者

受益者とは、受益権を有する者とされる（信託法２⑥）。「受益権」とは、大まかに、受益者が受託者に対して信託財産（信託された財産）の引渡し等の給付を請求できることや、その請求のために受託者をモニタリングできることを内容とする権利をいう。なお、委託者が受益者を兼ねることができる。

信託法では、受益者保護の観点から、「信託管理人」、「信託監督人」、「受益者代理人」という制度を置いている。信託管理人は、受益者が現に存しない場合に、受益者のために自己の名をもって受益者の権利に関する裁判上又は裁判外の行為をする権限があり（信託法125①）、信託監督人は、受益者が未成年者等である場合に、受益者を保護するために、信託法92条各号に掲げる権利に関する裁判上又は裁判外の行為をする一切の権限を有している（信託法132①）。

一方、受益者代理人は、受益者の権利に関する裁判上又は裁判外の行為をする一切の権限を有しているが（信託法139①）、受益者代理人を選任すると、特段の制限を設けない限り、受益者本人が受益者として権利を行使することができないこととなる（信託法139④）。未成年者等を受益者とする場合の受益者保護や、受益者が多数の場合の信託の運営の便宜を目的として設置される。

❷ 信託財産の法律関係

信託財産の所有権は、法的には受託者に帰属する。このため、受託者は、当然に信託財産に関する管理行為（保存行為、利用行為、改良行為）をすることができる（信託法26）。また、受託者は、信託目的の達成のために必要な範囲で、信託財産の性質を変更する処分行為、第三者からの権利取得行為や借入行為等をすることができる。信託財産に関する訴訟の当事者ともなる。他方、その権限には「信託の目的の達成のために必要な」行為を行うことができるという制限があり、信託契約書その他の事情から解釈される信託の目的に反する行為はできない。信託により明示的に受託者の権限に制限を加えることもできる（信託法26但書）。このため、委託者は、必要に応じて権限の範囲を限定したり、一定の権限の行使に関して受益者等の承諾を要するとしたりする等の制約を課すことができる。

(3) 信託を活用する場合の課題

❶ 法務上の課題

株式を信託することによって、委託者から受託者に対して株式の所有権が移転することとなり、受託者が株主となる。したがって、受託者が信託された株式に係る議決権を行使することができる。この信託の性格を利用し、大株主が、株式を譲渡するとともに、分散先の株主との間で、大株主を受託者、分散先の株主を委託者兼受益者とする信託契約を締結することにより、大株主は株式を譲渡したにもかかわらず、議決権割合を維持することが可能となる。

しかし、信託を活用する場合、法務上の課題が多く存在する。

ア　民法との関係

信託はその柔軟性ゆえに自由に設計できるが、当然にその他の法令の制約を受ける。その他の法令に反している場合には、信託は無効になる。特に、信託契約の内容が第三者の権利を侵害したり、他の法律や公序良俗に反したりするような場合、信託契約の全部又は一部が無効となる可能性がある。

信託契約の一部が他の相続人の遺留分を侵害し、公序良俗に反するとして無効とされた事例として、東京地判平成30年9月12日金法2104号78頁(59)が挙げられる。本判決においては、遺留分を潜脱する目的で信託が設定された場合、当該信託が公序良俗に反して無効となり得る旨が判断されている。さらに、信託が遺留分を潜脱するかという点につき、信託の設定によって相続人の遺留分を侵害しているかという形式面ではなく、信託受益権の具体的な内容や信託の効果から判断されていることから、信託契約の具体的な内容に照らし、公序良俗に反しないかという観点からの検証が必要不可欠である。

---

(59)　本事案は、控訴審において和解が成立しているようである。

また、信託の存続期間についても、公序良俗との関係で注意が必要である（東京高判令和元年7月10日公刊物未搭載参照）。信託法においては、受益者の死亡を受益権の消滅及び新たな受益権取得の事由とする受益者連続型信託（後継ぎ遺贈型受益者連続信託、信託法 91）、及び、受益者の定めのない信託（目的信託、信託法 259）において信託期間に制約が課されているほかは、信託期間を制約する規定は存在しない。したがって、信託の存続期間を長期とすることも信託法の文言上は禁止されていない。もっとも、信託法の母法である英米法の法域においては、財産が長期間拘束されることによる弊害を防止する観点から、永久拘束禁止則（rule against perpetuities）によって許容された期間内で財産権の帰属が確定しない信託の設定を無効とする法域もある。そのため、信託の存続期間を長期とした場合、公序良俗に反するとの判断がなされる可能性もある。そこで、実務上は、長期間の信託期間をあえて設定するよりは、そもそも信託期間の定めを置かない、という対応をとることも考えられる。

イ　会社法との関係

信託の設定により、株式の経済的利益は受益者に帰属し、議決権の行使は受託者に帰属することになる。このような法的仕組みは、会社法上、「議決権信託」と呼ばれており、会社法の各規定と抵触し、無効とならないかが問題となり得る(60)。このような信託は、原則として有効であるが、契約内容や当事者間の関係等に照らし、株主権の不当な制限になると認められる場合には、無効になると解されている(61)。

大株主が受託者となる場合、自らに有利になるような条項を信託契約に規定したいというニーズがあるものの、余りに委託者兼受益者である少数株主に不利な内容である場合（例えば、受託者が議決権を永久に自

---

(60)　この点を検討するものとして、藤池智則ほか「信託による株式の議決権の行使主体と経済的利益の帰属主体の分離―信託法と会社法との交錯―」みずほ信託プロダクツ法務研究会編『新たな信託ソリューションと法務―円滑なM&A・事業承継等のために―』（きんざい、2022年）134頁以下参照。

(61)　田中亘『会社法』（東京大学出版会、第4版、2023年）133頁。

由な裁量で行使できるような内容である場合)、受益者の不当な権利制限として無効となる可能性もある。したがって、信託契約書を作成する場合には、このような会社法の観点からの検討も必要不可欠である。

ウ　信託業法との関係

受託者が信託業を営むためには、信託業としての免許又は登録が必要となる（信託業法 3・7①)。原則として、信託業を営むためには免許を受ける必要があるが、委託者や運用委託会社からの指図に従った信託財産の管理・処分や、保存行為等しか行わない「管理型信託業」（信託業法2③）のみを営む場合には、緩和された規制である登録のみで足りる。信託業としての免許又は登録が認められるためには、一定の最低資本金や純資産額、営業保証金が必要であり、業務遂行に足る一定の人的構成が要求される等、受託者内部の財務や人的体制を充実させる必要がある。また、免許又は登録が認められた後も監督当局への報告・届出義務や立入検査を受ける義務を負う。

そのため、分散化した後、大株主が信託の受託者となる場合には、信託業を営むものではないことを確保する必要がある(62)。この観点から、少なくとも、大株主が受託者として複数の株主から株式の信託を受ける場合、信託報酬を収受することは避けた方がよいように思われる。

エ　投資信託及び投資法人に関する法律との関係

投資信託及び投資法人に関する法律上、何人も、証券投資信託を除くほか、信託財産を主として有価証券に対する投資として運用することを目的とする信託契約を締結し、又は信託宣言によってする信託をしてはならないとされている（投資信託及び投資法人に関する法律7 本文)。

信託財産において株式を保有する目的が、専ら株式の管理や株式の承継にある場合には、「運用することを目的とする」と評価される可能性は

---

(62) 信託業の該当性の詳細については、森・濱田松本法律事務所監修『設例で学ぶ　オーナー系企業の事業承継・M&Aにおける法務と税務』（商事法務、第2版、2022年）228頁以下参照。

低いと思われる。もっとも、念のため、信託契約書において、信託の目的が株式の管理であることを明記しておくことが望ましい。

❷ 税務上の課題

ア　所得税法との関係

信託の税務上の取扱いは、信託の性質に応じて、下表のとおり３つの課税方式に大別される。

信託の課税関係

課税方式	概要	該当する信託
パススルー課税	受託者が収益を受領した時に受益者が収益を受領したものとみなして課税する	受益者等課税信託（一般的な信託はこれに該当）
受益者受領時課税	受託者が収益を受領した時には課税は行われず、受託者から受益者への収益分配時に受益者に課税する	集団投資信託、退職年金等信託、特定公益信託等
受託者課税（法人課税信託）	信託の収益について受託者に法人税を課税する	受益者等が存在しない信託等

大株主が議決権を集約するために信託を活用する場合、パススルー課税となる受益者等課税信託に該当する（よう組成される）のが通常である。この場合、信託を設定する際には、委託者、受託者及び受益者に課税は生じず、また、配当等は、受益者が収受したものとして課税されることになる。

他方で、受託者課税となった場合、信託を設定する際に、受益者において株式の譲渡所得が生じて課税されることになる。分散化の直後に信託契約を設定する場合には、株式のキャピタルゲインは生じないと考えられるものの、受託者が配当を受け取った場合には受託者において課税された上（ただし、受取配当益金不算入制度の適用はある）、受益者に分配する際にも課税されることになる。なお、議決権信託が受益者受領時課税となることはほとんどないと思われる。

イ　相続税法との関係

信託の設定後、分散先である受益者に相続が発生することがある。この場合、信託受益権が相続の対象となり、信託受益権の相続税法上の評価が問題となる。この点につき、信託受益権の評価は、当該信託受益権の権利の内容に応じて、以下のとおり、評価方法が定められている（財基通202)。

信託受益権の評価方法

ア　元本と収益との受益者が同一人である場合	財産評価基本通達に定めるところにより評価した課税時期における信託財産の価額によって評価する。
イ　元本と収益との受益者が元本及び収益の一部を受ける場合	財産評価基本通達に定めるところにより評価した課税時期における信託財産の価額にその受益割合を乗じて計算した価額によって評価する。
ウ　元本の受益者と収益の受益者とが異なる場合	（ア）元本を受益する場合 財産評価基本通達に定めるところにより評価した課税時期における信託財産の価額から、（イ）により評価した収益受益者に帰属する信託の利益を受ける権利の価額を控除した価額 （イ）収益を受益する場合 課税時期の現況において推算した受益者が将来受けるべき利益の価額ごとに課税時期からそれぞれの受益の時期までの期間に応ずる基準年利率による複利現価率を乗じて計算した金額の合計額

分散化の後に大株主と信託契約を締結する場合には、元本と収益の受益者が同一人（分散先の株主）であることがほとんどであると考えられる。そうすると、信託受益権の評価は、信託財産である非上場株式の評価と同一になる。

分散先ごとの法務・税務上の注意点　03

1　役職員への分散

非上場会社では、親族外の役職員が自社株式を直接所有しているケースが散見される。そのような株主構成に至った経緯は会社ごとに様々であるが、会社に対するロイヤリティの向上や企業価値向上へのインセンティブ付与といった側面に加えて、分散化による大株主の遺留分及び相続税対策があるように思われる。

親族外の役職員に対して発行会社の株式を移転することが相続税対策になり得るのは、買主である役職員が少数株主に該当し、その譲渡する自社株式について、配当還元方式で評価することができるためである。これにより、大株主としては、財産的価値のある株式を相続財産から切り離すことができ、かつ、分散先が大株主の意向に配慮する役職員であることから、会社の安定的な運営も維持できることになる。

しかし、役職員が株式を直接所有すると、将来的に大株主の方針に反する議決権行使をしたり、また、当該役職員が株式を所有したまま死亡すると、株式がその相続人に分散したりすることになる。これらの問題を踏まえると、役職員個人に株式を分散する場合には、上記02で述べたような、事前準備（種類株式・相続人に対する売渡請求）を行うか、事後的な対応（株主間契約・信託）を検討することが必要不可欠となる。

2　持株会への分散

(1)　概要

持株会とは、会社の従業員が、当該会社の株式の取得を目的として運営する組織をいう。

持株会は、その会員である従業員から拠出金の拠出を受け、当該拠出金で会社の株式を取得し、当該株式からの配当金を会員の持分に応じて配分するという仕組みとなっている。このように、会社の従業員による株式の取得、保有の促進により、従業員の福利厚生の増進及び経営への参加意識の向上を図ることを目的としている。

持株会に対して発行会社の株式を移転することが相続税対策になり得るのは、役職員への譲渡と同様、買主である持株会が少数株主に該当し、その譲渡する株式について、配当還元方式で評価することができるためである。これにより、大株主としては、財産的価値のある株式を相続財産から切り離すことができ、かつ、持株会は原則として会社側の株主であることから、会社の安定的な運営も維持できることになる。

しかし、持株会を分散先とする場合、法務及び税務上の注意点があるため、以下で解説する。

(2) 法務上の注意点

持株会の法的性質は、「民法上の組合」、「権利能力なき社団」及び「任意団体」の３つの形態に分類することができるが、実務上は、多くの会社で「民法上の組合」方式が採用されているため、以下では「民法上の組合」を前提に説明することとする。

❶ 議決権の行使

民法上の組合は法人格を有しないため、持株会を設立するにあたっては持株会規約が策定され、一般的には、各会員は株式を持株会の理事長に信託し、理事長が一括して管理を行うこととされている。すなわち、株主名簿上理事長の名義で記載がなされ、議決権も理事長が一括して行使することになる（但し、各会員は、理事長による行使内容について異議がある場合には、不統一行使（会社法 313）を求めることも可能である）。

持株会は、よく安定株主や与党株主と言われることがあるが、あくまでも理事長は会員の利益のために株式を管理し、議決権行使する必要があるため、会員の方針に反してまで経営陣の意向に沿うことができない。したがって、経営陣が持株会を完全にコントロールすることはできない点に注意が必要となる。

❷　奨励金の支給

持株会を組成する際、各従業員が金銭を拠出した上、持株会が大株主から株式を取得することが原則である。しかし、非上場会社の場合、安定的な配当が受けられるか分からないこともあり、従業員が自発的に持株会に加入することを期待できない場合もある。そこで、会社が従業員の福利厚生制度の一環として、奨励金を支給することが考えられる。

会社が奨励金を支給した場合、安定的な株主を創出する目的として、株主の権利の行使に関し財産上の利益を供与するものとされて、会社法120条1項に反しないかという点が問題となる。

まず、株式の取得のために会社が金銭を支給することは株主の権利の「行使に関し」に該当すると解される。そして、持株会に対する奨励金の支給について、福井地判昭和60年3月29日判タ559号275頁は、「…持株会会員に対してなす奨励金の支払は、…従業員に対する福利厚生の一環等の目的をもつてしたものと認めるのが相当であるから、…株主の権利の行使に関してなしたものとの前記推定は覆えるものというべきである。」と判示した。したがって、会社が従業員に対して奨励金を支給する場合は、その目的が従業員の福利厚生であることを明確にしておく必要がある(63)。

❸　退会時の処理

持株会からさらに第三者に株式分散することを防止するため、会員である従業員が退会する際に、株式を引き出すことや株式で拠出金を精算することを禁止すること（持株会が買い取ること）が考えられる。その場合、あくまで従業員は拠出金の返還の範囲にとどまり、従業員が保有する株式の時価相当額とはされないことが一般的である。そうすると、会員である従業員は株式に係るキャピタルゲインを得ることができず、拠出金での売渡しを強制さ

---

(63)　奨励金の法的問題については、太田洋監修・野村証券株式会社ライフプラン・サービス部著『新しい持株会設立・運営の実務』（商事法務、第2版、2022年）70頁以下参照。

れることになるため、公序良俗（民法90）や株式自由譲渡の原則（会社法107）に反しないかという問題が生じる。

この点について、最判平成7年4月25日裁判集民175号91頁は、従業員が、持株会制度の趣旨、内容を了解した上で株式を額面額で取得し、毎年8～30パーセントの割合による配当を受けていた等の事実関係を指摘し、公序良俗や株式自由譲渡の原則に反しないと判断した。したがって、退会時に株式の引き出しを禁止し、拠出金の範囲で精算することを規約に定める場合、加入する従業員に対する説明は必要不可欠であり、かつ、従業員への福利厚生として、毎年安定的な配当を行う必要がある。

❹　金融商品取引法上の制約

持株会を組成・運用する場合、非上場会社であっても金融商品取引法上の規制を受けることがある。主な注意点は、持株会の集団投資スキーム該当性と有価証券届出書（通知書）の提出の要否である。

ア　集団投資スキームの該当性

持株会において会員が有する権利が、金融商品取引法上の「有価証券」に該当する場合には、各種の開示規制（金商法4①等）や業規制（金商法29）等の金融商品取引法上の規制を受ける可能性がある。

有価証券のうち、いわゆる集団投資スキーム持分（金商法2②五）は、大要、以下の要件を満たす権利をいうものとされている（但し、一定の類型のものを除く)。

- 民法に規定する組合契約等に基づく権利であること
- 当該権利を有する者（出資者）が出資又は拠出をした金銭等を充てて行う事業から生ずる収益の配当や財産の分配を受けることができること

この定義からすると、民法上の組合形式の持株会は、原則として、集団投資スキーム持分に該当し、金融商品取引法上の各種規制を受けることになる。もっとも、一定の持株会において会員が有する権利については上記の定義から除外されている。具体的には、以下の要件を満たすものである（金商法２②五ニ、金商令１の３の３五、金融商品取引法第二条に規定する定義に関する内閣府令６）。

・株券の発行者の従業員が、当該発行者の他の従業員と共同して、株券の買付けを、一定の計画に従い、個別の投資判断に基づかず、継続的に行うことを約する契約であること
・各従業員の１回当たりの拠出金額が100万円に満たないこと

したがって、持株会の規約や拠出金を工夫し、持株会の権利が集団投資スキーム持分に該当しないようにアレンジする必要がある。

イ　有価証券届出書の提出の要否

非上場会社が持株会に対して新株発行を行う場合や、大株主が持株会に株式を譲渡する場合、金融商品取引法上、有価証券届出書の提出が必要となる可能性がある。仮に、有価証券届出書の提出義務が課されると、発行会社はそれ以後、有価証券報告書等を継続して提出する必要があるため、作成に要する事務負担を考慮すると、実務上は、有価証券届出書の提出義務を負わない設計とすることが必要不可欠となる。

有価証券届出書の提出が不要となる類型のうち、持株会に適用され得るものとしては、大要、以下のものがある。

①　取得勧誘の相手方が過去６か月通算して50名未満（但し、一定の者を除く）である場合
②　発行価額の総額が１億円未満である場合

このうち、①について、取得勧誘の対象が、持株会を1名とみるのか、その個々の会員でみるのかにより、人数が異なることになる。この点、企業内容等開示ガイドラインにおいては、概ね以下の条件に合致している場合には、持株会を1人株主として扱うことができるものとされている(企業内容等開示ガイドラインB5－15)。

- 株主名簿に「持株会」の名義で登録されていること
- 議決権の行使は「持株会」が行うこと
- 配当金を「持株会」でプールし運用するシステムをとっていること

したがって、金融規制の観点からは、上記の要件を満たすように持株会を設計する必要がある。しかし、非上場会社の持株会制度では、大株主から持株会に定期的に株式が拠出されることはあまり想定されていないため、多くの場合、配当金をプールせずに全額分配しており、上記の要件を満たすことができない。

その場合は、上記②を満たすように発行価額及び売出価額の総額が1億円未満となるように配慮しなければならない。但し、1億円未満の場合であっても、1,000万円を超えると、有価証券通知書の提出が必要になる。有価証券通知書は、有価証券報告書と比べても事務負担は軽いといえるが、非上場会社にとっては慣れない業務であるため、提出不要とされることに越したことはない。

なお、持株会に拠出される株式の取引金額（発行価額又は売出価額）は、配当還元価額を基準に評価されることが多いため、非上場会社において取引金額が1,000万円を超えることはそれほど多くないと思われる。

(3) 税務上の注意点

❶ 会員である従業員の課税

持株会を民法上の組合として組成した場合、組合はパススルー事業体であることから、持株会が取得した配当は、会員である従業員が収受したものとして課税されることになる（所基通36・37共－19以下）。

また、会社が従業員に対して奨励金を支給した場合、当該奨励金は給与所得として課税される。

❷ 低額譲渡の問題

従業員が持株会から退会する際には、拠出した金額で持株会が買い取ることになる。その場合、従業員が持株会に対して低額譲渡したとして、みなし贈与課税の問題が生じる可能性がある。

しかし、従業員は少数株主であり、株式の時価は、配当還元方式によって評価することが可能であると考えられる(64)。そうすると、拠出金と大幅に乖離する時価が算出されるとは考えにくい。もっとも、持株会を組成する前には発行会社が配当を出しておらず、持株会を組成後に安定的に高配当を継続して行っている場合、配当還元方式によって評価したとしても、拠出金と大幅に乖離する時価が算出される可能性がある点には注意が必要である。

❸ グループ法人税制との関係

グループ法人税制は、完全支配関係がある複数の内国法人を一つのグループとして、経済的に一体性のあるものとして課税関係を規律する税制であり、グループ内で一定の資産が譲渡された場合に、当該資産に係る譲渡損益を繰り延べる取扱い等が定められている。

ここにいう完全支配関係とは、一の者が法人の発行済株式のすべてを直接

---

(64) 相続税の事案であるが、国税不服審判所裁決平成２年６月18日裁決事例集39集401頁は、納税者が額面で株式を評価すべきと主張したのに対し、配当還元方式によって評価すべきであるとする原処分庁の主張を認めている。

若しくは間接に保有し、又は一の者との間に一定の関係がある法人相互の関係とされている（法法２十二の七の六、法令４の２②）。この一の者が個人である場合には、その個人の親族等特殊の関係にある個人を含むものとされている。

例えば、大株主及びその親族等で会社の発行済株式を100％所有していたところ、持株会を組成し、株式の一部を拠出した場合、形式的には完全支配関係が崩れることになるため、グループ法人税制の適用がないようにみえる。しかし、持株会が民法上の組合方式を採用し、かつ、持株会が保有する株式の持株割合が５％未満であるときは、当該持株会が保有する株式を除いて完全支配関係の判定を行うことになっている（法令４の２②一）。なお、この例外規定が適用されるのは、民法上の組合方式に限られており、持株会が権利能力なき社団である場合には適用がない点について注意する必要がある（法基通１－３の２－３）。

❹　組織再編成税制との関係

グループ内で株式交換が行われた場合、株式交換完全親法人（以下「親法人」という）が取得する株式交換完全子法人（以下「子法人」という）株式の取得価額は、子法人の株主数の多寡によって異なることになる（法令119①十）。すなわち、親法人における子法人株式の取得価額は、子法人の株主が50人未満の場合は、各株主における子法人の取得価額の合計額とされ（法令119①十イ）、50人以上の場合は、子法人の簿価純資産価額に子法人の発行済株式数に親法人が株式交換で取得した株式数の占める割合を乗じて計算した金額とされる（法令119①十ロ）。なお、親法人において増加する資本金等の額は、子法人株式の取得価額と同額とされる（法令８①十）。

民法上の組合方式を採用している持株会が子法人の株主となっている場合、株主数の計算をどのように行うのかという疑問が生じる。この点、持株会が子法人の株主である場合、株主を１人と数えるのではなく、持株会の会員数で判定することになっている。

資本金等の額の計算を誤ると、法人地方税の均等割や外形標準課税の資本割の金額のミスにつながり、また、親法人株式に係る配当還元価額が変動することになるため注意が必要である。

3　一般社団（財団）法人への分散

(1)　概要

上場会社や大規模な非上場会社においては、一般社団（財団）法人が株主となっていることがよく見受けられる。これは、創業家や会社の公益事業推進という側面はあるものの、他方で、創業家の相続財産の切離しによる遺留分・相続税対策の一環であることもある。役職員や持株会と同様、一般社団（財団）法人は、通常、安定株主としての役割を果たすことができるため、大株主が一般社団（財団）法人を分散先とすることがある。一般社団（財団）法人を利用するメリットとしては、主として、下表に掲げるようなものが考えられる。

一般社団（財団）法人を利用するメリット

①公益的事業の実施	一般社団（財団）法人が財産を利用した公益事業を遂行できる。
②所得税の軽減	大株主が配当を受ける場合、所得税が課されているが、一般社団（財団）法人が公益法人等に該当すると、配当等に対する法人税が課されないため、全体の税負担を軽減できる。
③相続税対策	一般社団（財団）法人に財産が譲渡又は寄附すると、大株主の相続財産から切り離すことができる。

④寄附金の特例	一般社団（財団）法人が公益認定を受けて公益法人になる場合には、財産を寄附する際に寄附者である個人が寄附金控除を利用できる（但し、⑤の非課税措置を受ける場合には、寄附金控除の対象となるのは寄附財産の取得価額相当額とされる）。
⑤非課税措置	措置法40条の要件を満たすことにより、一般社団（財団）法人に対する寄附に係る譲渡所得税等が非課税となる。
⑥レピュテーション	特に財団法人に対して社会的には良いイメージがあり、財団法人に自らの名前を冠することにより、発行会社のイメージ向上等を期待できる。

一般社団（財団）法人を利用する場合にも、法務・税務上の注意点があることから、以下で解説する。

⑵ 法務上の注意点

❶ 一般社団（財団）法人のガバナンス

一般社団法人と一般財団法人の機関設計は、それぞれ以下のとおりである。

一般社団法人の機関設計

①社員総会＋理事
②社員総会＋理事＋監事
③社員総会＋理事＋監事＋会計監査人
④社員総会＋理事＋理事会＋監事
⑤社員総会＋理事＋理事会＋監事＋会計監査人

一般財団法人の機関設計

①評議員＋評議員会＋理事＋理事会＋監事
②評議員＋評議員会＋理事＋理事会＋監事＋会計監査人

一般社団法人においては、設立時社員が社員と理事の地位を兼ねることが可能であり、設立時社員及びその後選任される社員が、社員総会（及び理事会）を通じて一般社団法人の財産を支配し続けることができる。また、定款に社員の資格の得喪に関する規定を設けることにより（法人法11①五)、後世にわたって設立者の一族が社員総会をコントロールすることが可能である。

他方で、一般財団法人においては、評議員は理事を兼ねることはできないため、一般社団法人と比較して、財産の拠出者が一般財団法人の財産を支配する手段は制約されている。しかし、財団の設立者、すなわち一般財団法人に対して財産を拠出する者は、自ら評議員又は理事となることは可能であり、また、定款により、評議員の選任及び解任方法を自らの意図に従って規定することにより（法人法153①八)、実務上は評議員をコントロールできる。例えば、評議員は評議員会が選任・解任すると規定しておき、自らの意図する者を当初の評議員に選任することにより、後世にわたって評議員会を実質的にコントロールすることが可能となる。

したがって、一般社団（財団）法人を活用する際には、大株主が実質的にコントロールできるかどうかという点を考慮して設計することが望ましい(但し、税務上の観点から、大株主がコントロールを維持することが困難である点については下記(3)❸アを参照)。

❷　財産の帰属

一般社団法人においては、社員に剰余金又は残余財産の分配を受ける権利を与える旨の定めは効力を有しないとされている（法人法11②)。同様に、一般財団法人も、設立者に剰余金又は残余財産の分配を受ける権利を与える旨の定款の定めは効力を有しないとされている（法人法153③二）。

もっとも、社員又は設立者以外の者に対し、剰余金の分配又は残余財産の分配を受ける権利を与えることを定款に定めることは可能である。さらに、定款の規定により残余財産の帰属が決まらない場合には、社員総会又は評議員会の決議によって残余財産の帰属を定めることも可能である（法人法239②）。また、一般社団（財団）法人の理事・監事・評議員に対して報酬を支払うことも可能であるし（法人法89・105・196・197）、定款において、ある一定の者に対して財産を無償で貸借する、無利息で金銭の貸付けを行う等、一般社団（財団）法人の財産の使途を規定しておくこともできる。

このように、一般社団（財団）法人の財産については、原則として、大株主又はその一族が配当という形で利益を享受することはできないことから、定款等を工夫することにより残余財産の分配やその他の手法を検討しておく必要がある。

(3) 税務上の注意点

❶ 社団法人・財団法人の課税関係

社団（財団）法人の課税関係は、次のとおりであり、公益認定を受けた社団（財団）法人か否か、法人税法上の「非営利型法人」であるか否かによって、課税関係が異なる。

社団（財団）法人の課税関係

	公益社団（財団）法人	公益認定を受けていない法人	
		非営利型法人	一般社団（財団）法人
法人税法上の法人区分	公益法人等		普通法人
課税所得の範囲	収益事業から生じた所得のみ（但し、公益社団法人・公益財団法人の公益目的事業から生じた所得は課税対象にならない）		全ての所得

公益社団（財団）法人や非営利型法人に該当するためには、役員構成や利益供与に関し、厳格な要件が課されていることから[65]、事実上、一般社団（財団）法人を設立者や設立者の親族が私的に支配しつつ、同法人の保有する財産の収益を享受することはできない。

法人税を非課税としたい場合には、それらの厳格な要件を満たす必要がある一方、厳格な要件を満たさない場合には法人税が課税される。いずれを選択するかについては慎重に検討しておく必要がある。

❷ 租税特別措置法40条による非課税措置

大株主が一般社団（財団）法人に対して非上場株式を寄附する場合、原則として、株式に係る譲渡所得税が課されることになる（所法59①一、措法37の10①・37の11①）。大株主としては、寄附によって現金の流入があるわけではないことから、キャッシュフローの観点からも、かかる課税を避ける必要がある。そのために、租税特別措置法40条に規定された要件を満たして非課税の取扱いを受け、税務コストを低減させることが考えられる。

もっとも、かかる非課税措置は、国税庁長官の承認が必要であり、事前の

(65) 社団（財団）法人の公益認定や非営利型法人の要件の詳細については、小山浩＝飯島隆博＝間所光洋『ウェルス・マネジメントの法務・税務』（税務経理協会、2020年）209頁以下参照。

相談も含めて、寄附の実行から承認までに相当の時間を要することになる。また、一般社団（財団）法人の役員等に占める親族等の割合を３分の１以下とする必要があること、特別の利益を付与することが禁止されていること、解散した場合にその残余財産が国、地方公共団体又は他の公益法人等に帰属する旨の定款の定めがあること等が必要となる。

本書では紙幅の関係上詳述は避けるが、多岐にわたる要件が定められているため、租税特別措置法40条による非課税措置を利用する場合には、専門家の関与が必須となる点に注意する必要がある。

❸　相続税法上の問題

一般社団（財団）法人には持分が存在しないことから、一般社団（財団）法人に対して非上場株式を譲渡又は寄附した場合、その非上場株式は大株主の相続財産から切り離されるので、大株主の相続時にその非上場株式について相続税が課税されることはない。そのため、このような特徴を利用した租税回避行為を防止することを目的として、相続税法は、個人から一般社団（財団）法人に対して財産の贈与や遺贈があった場合に、一般社団（財団）法人を個人とみなして贈与税又は相続税を課税する規定等を定めている。

ア　相続税法66条４項

贈与税は原則として個人に課されるものであるため、一般社団（財団）法人が納税義務者となることはない。しかし、財団法人のような持分の定めのない法人に対し財産の贈与や遺贈があった場合、贈与者又は遺贈者の親族等の贈与税や相続税が不当に減少する可能性があることから、社団法人又は財団法人を個人とみなして、贈与税又は相続税を課す規定が置かれている（相法66①・④）。

不当に減少するか否かの判定は、まず相続税法施行令33条４項に定める以下の３つの要件を充足しない場合には、直ちに不当減少が認められるものとされている。

① その定款において、その役員等のうち親族等の占める割合が３分の１以下であり、法人が解散した場合における残余財産が国等に帰属する旨の定めがあること。
② 当該贈与又は遺贈前３年以内に贈与者等に対し、特別の利益を与えたことがなく、かつ、当該贈与又は遺贈の時におけるその定款において当該贈与者等に対し特別の利益を与える旨の定めがないこと。
③ 当該贈与又は遺贈前３年以内に国税又は地方税について重加算税又は同法の規定による重加算金を課されたことがないこと。

さらに、相続税法施行令33条３項とその個別通達「贈与税の非課税財産（公益を目的とする事業の用に供する財産に関する部分）及び持分の定めのない法人に対して財産の贈与等があった場合の取扱いについて」においても判断基準が定められている。当該規定は、いわゆるセーフハーバー・ルールで、個別通達を含む各要件を充足すれば、不当減少がないと認められるものの、充足できない場合であっても直ちに不当減少があったとみなされるわけではない。

これらの適用関係を図示すると以下のとおりである。

不当減少要件の判定のフローチャート

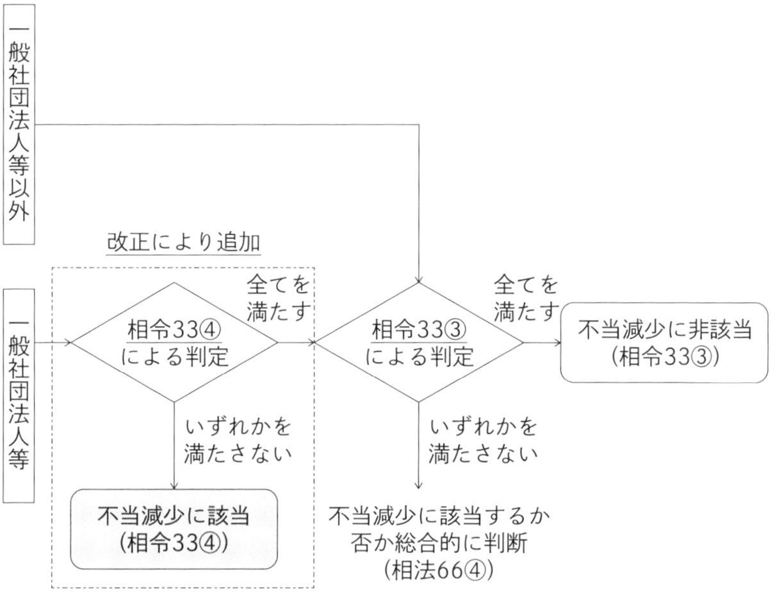

（出所：財務省平成30年度税制改正の解説）

なお、相続税法施行令33条３項に係る判定基準は、租税特別措置法40条の判定基準とほぼ類似しているため、通常、租税特別措置法40条申請の要件が満たされる場合には、相続税法66条４項の要件も満たされることになると思われる。

イ　相続税法65条

上記アの適用がない場合において、持分の定めのない法人から、特別の利益（残余財産の分配や施設の利用等）を与えられたときは、その特別の利益を受けた者が、持分の定めのない法人に財産を贈与又は遺贈した者から、利益の価額に相当する金額の贈与又は遺贈を受けたものとみなして、相続税又は贈与税が課される（相法65）。実際の適用事例は多くないが、一般社団（財団）法人に対して財産の贈与等をする場合に、事前の検討が漏れることもあるため注意を要する規定である。

ウ　相続税法66条の２

一般社団（財団）法人に対して、非上場株式を時価で譲渡すると、その後、当該非上場株式は相続財産から除外される一方で、創業家一族が一般社団（財団）法人の理事として発行会社をコントロールすることができる。これにより、一般社団（財団）法人に株式を譲渡した後の株価の上昇分について相続税を回避することが可能であった。

そこで、このような租税回避行為を防止するため、平成30年度税制改正により、特定一般社団法人等について、その理事である者（相続開始前５年以内のいずれかの時において理事であった者を含む）が死亡した場合に、当該特定一般社団法人等が次に掲げる算式により計算した金額を死亡した理事から遺贈により取得したものとみなして、当該特定一般社団法人等に対して相続税を課税する制度が創設された（相法66の２）。この「特定一般社団法人等」とは、以下の要件を満たすものをいう（相法66の２②一、三）。

①　一般社団法人又は一般財団法人であること（非営利型法人を除く） ②　以下のいずれかの要件を満たすものであること ・被相続人の相続開始の直前における当該被相続人に係る同族理事の数の理事の総数に占める割合が２分の１を超えること ・被相続人の相続の開始前５年以内において当該被相続人に係る同族理事の数の理事の総数のうちに占める割合が２分の１を超える期間の合計が３年以上であること

また、「同族理事」とは、一般社団法人等の理事のうち、被相続人（死亡した理事）、その配偶者又は３親等内の親族その他当該被相続人と特殊

の関係がある者（被相続人が会社役員を務めている会社の従業員等）をいう（相法66の２②二、相令34③）。

したがって、一般社団（財団）法人の理事の構成に注意しなければ、当該法人に相続税が課されることになる。他方で、大株主の親族以外の理事が２分の１である場合、大株主が一般社団（財団）法人をコントロールできなくなる可能性もあるため（特に、大株主である者が死亡した後）、一般社団（財団）法人を利用するかは慎重に検討すべきである。

第2部

各取引に共通する留意事項と株式価格算定

第1章

非上場株式の取引実務

非上場株式取引の全体像 01

非上場株式は、証券取引所に上場されている株式と異なり、流通することが想定されておらず、譲渡されることは多くはない。しかし、第１部で解説したとおり、株式の集約又は分散を目的として、親族間（資産管理会社を含む）における株式譲渡やM&A等による第三者への株式譲渡も増加している。

法務及び税務の観点からは、非上場株式の買主が第三者であるのか、株式を発行している会社（発行会社）であるのかによって、取扱いが大きく異なっている。そこで、第１部においては、買主が発行会社以外の第三者である場合と発行会社である場合に分けて、実務上注意すべき法務及び税務上のポイントを説明し（第１章）、株式譲渡において最も重要な経済条件である取引価格を決定する際の実務と、いかなる税務リスクが想定されるか、という点を解説する（第２章）。

買主が発行会社以外の者である場合 02

1　法務上のポイント

まず、株主が発行会社以外の買主に対して発行会社株式を譲渡し、対価を受領する場合の取引実務について説明する。

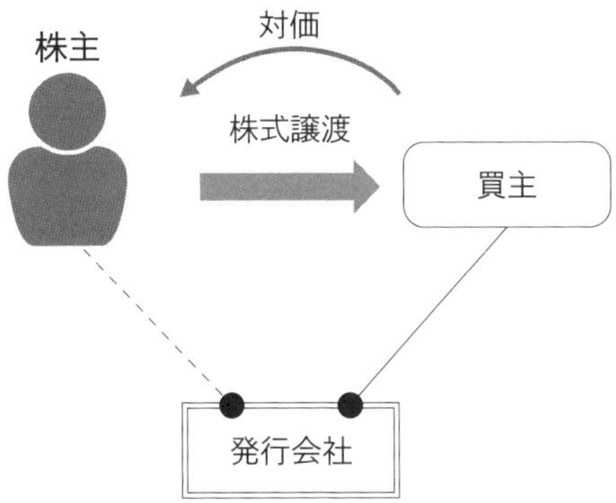

非上場株式を譲渡する場合、法務上は以下のようなポイントがある。

民法上のポイント	・契約当事者の意思能力・行為能力 ・意思表示の有効性 ・株式譲渡契約書の要否
会社法上のポイント	・株券の交付 ・譲渡制限株式における譲渡承認 ・株主名簿の名義書換え
その他の法務上のポイント	・独占禁止法の事前届出 ・外国為替及び外国貿易法の事前届出・事後報告等 ・その他の許認可に関する手続等

(1) 民法上のポイント

非上場株式の譲渡の場合、親族間での取引等、契約当事者が個人である場合も多い。契約当事者が個人である場合には、実務上、意思能力及び行為能力に注意が必要である。

❶ 意思能力はあるか

意思能力とは、一般に、法律行為をすることの意味を理解する能力をいい、意思能力を欠く法律行為は無効とされる（民法３の２）(1)。例えば、泥酔、薬の作用、病気等のために一時的に意識を失っているような場合には意思能力がないとされる(2)。

売主が高齢で認知症を患っており、契約を締結することの意味について理解できないおそれがある場合、かかる売主との間で締結した株式譲渡契約は無効と主張される可能性がある（株式譲渡契約の締結当時、重度のアルツハイマー型認知症であったこと等を理由として、意思能力を欠いた状態で締結されたと認定されて、株式譲渡契約が無効と判断された例として、東京地判令和４年２月16日判例集未搭載がある）。典型的には、売主の相続人が買主に対して株式譲渡が無効であることを主張し、株券の引渡しや株主としての地位確認訴訟等を提起することが想定される。

買主側として、株式譲渡契約が無効となることを防ぐためには、例えば、売主側で、後記の法定代理人を選任してもらい、当該法定代理人との間で契約を締結することが考えられる。

また、株式譲渡契約において、売主には意思能力があることを表明・保証してもらったうえ、後に、株式譲渡時において、売主に意思能力がなかったことが判明した場合には、買主が売主に対して表明・保証違反に基づく補償請求をできるようにすることも考えられる。但し、そもそも売主の意思無能

---

(1) 大判明治38年５月11日民録11輯706頁。
(2) 潮見佳男＝千葉惠美子＝片山直也＝山野目章夫編著『詳解　改正民法』（商事法務、2018年）13頁〔田中教雄〕。

力を理由として株式譲渡契約そのものが無効となった場合には、当該表明保証条項や補償条項による救済を受けられない可能性が高い。仮に当該補償条項は契約が無効であったとしても有効であるとの条項を設けておいたとしても、同様であろう。株式譲渡契約が無効とされた場合には、買主が売主に対して株式譲渡代金相当額の不当利得返還請求を行うことも考えられるが、原則として現存利益の返還を求めることができるにとどまり（民法703)、買主のリスクは残る。

したがって、売主の意思能力の問題は、買主にとっては、重大なリスク要因となり得る。

❷ 行為能力はあるか

民法上、成年（18歳以上の者）の場合には、本人の事理を弁識する能力（事理弁識能力）の程度に応じ、家庭裁判所の審判に基づき、自然人の行為能力（単独で法律行為を行う能力）を制限する制度が存在する。

他方で、未成年（18歳未満の者）の場合には、原則として行為能力が制限されている。

売主の行為能力に制限がある場合には、契約手続に注意が必要である。

ア 成年の場合

上記のとおり、成年の場合、原則として行為能力があるものの、一定の場合には行為能力が制限されている。具体的な行為能力を制限する制度として、①成年後見制度、②保佐制度及び③補助制度がある。このうち、成年後見人は選任されると法定代理人となるため（民法859①)、成年後見人が代理人として、株式譲渡契約を締結することができる。成年後見人は、成年被後見人の意思を尊重し、かつ、その心身の状態及び生活の状況に配慮しなければならないとされているため（民法858)、成年被後見人の生活費や療養看護費に充てる等の目的で非上場株式を現金化することは、成年後見人の権限の範囲内であると思われる（ただし、成年後見人（弁護士）による株式譲渡が任務違反であると争われた例として、東京地判平成22年12月14日判例集未搭載がある（結論として任務違反はなかったと判断))。

他方、保佐人及び補助人は、被保佐人や被補助人の行為に対する同意権のみ有する（民法13①・17①）。株式譲渡は、通常、「重要な財産に関する権利の得喪を目的とする行為」に該当し、保佐人又は補助人の同意を要すると考えられる。したがって、被保佐人や被補助人から株式を譲り受ける場合、保佐人又は補助人に株式譲渡の同意を得たことを表明保証してもらったり、株式譲渡の前提条件としたりする必要がある。

また、保佐人又は補助人は、家庭裁判所の審判によって特定の法律行為に係る代理権を付与してもらうことも可能である（民法876の４・876の９）。そこで、契約の相手方が被保佐人又は被補助人の場合、審判によって代理権を付与してもらった上で、保佐人又は補助人が代理人として株式譲渡契約を締結することも可能である。

	成年後見	保佐	補助
対象者	判断能力が欠けていることが通常の状態である者	判断能力が著しく不十分な者	判断能力が不十分な者
申立権者	本人、配偶者、四親等内の親族、検察官等		
代理権の有無	財産権に関する法律行為のすべて	なし ただし、家庭裁判所の審判により代理権の付与は可能	なし ただし、家庭裁判所の審判により代理権の付与は可能
同意権の有無	なし	借財すること、不動産の売買、新築すること等、民法13条１項に列挙された行為	審判で定められた民法13条１項に列挙された行為の一部

取消し可能な行為	日常生活に関する行為以外の行為	同意を得なければならない行為であり、同意・許可を得ないでした行為	同左

なお、成年後見人、保佐人又は補助人の選任のためには家庭裁判所の審判が必要であるが、その審判の請求は、一定の親族等、一部の者しか行うことができない（民法７・11・15）。したがって、売主の行為能力に問題があると考えられる場合、成年後見人等を選任して取引を行うときには、親族等の協力が必要である。さらに、選任のための審判には、通常、２～３か月は要するため、株式譲渡のスケジュールとの関係で注意が必要となる。

また、成年後見人等の制度を利用する場合、利益相反行為にも注意する必要がある。利益相反行為とは、法定代理人（成年後見人）や特別な代理権を付与された保佐人又は補助人と、制限行為能力者（被成年後見人、被保佐人、被補助人）の利益が相反する行為をいう。例えば、株主である父親の成年後見人に息子が就任している場合、息子が父親から株式を買い取る行為は、利益相反取引に該当する。

そのような行為は、法定代理人の利益の下に制限行為能力者の利益が害される可能性があるため、当該取引について制限行為能力者を代理するための特別代理人、臨時保佐人、臨時補助人の選任を家庭裁判所に請求しなければならない（民法860本文・826・876の２③本文・876の７③本文）(3)。これらの規定に違反して行われた利益相反行為は、無権代理として無効であると解されている(4)。したがって、例えば、上記の例では、

---

(3)　成年後見監督人、保佐監督人又は補助監督人が選任されている場合には、それらの者が変わって制限行為能力者を代理することから（民法851四・876の３②・876の８②）、これらの選任は不要である（民法860但書・876の２③但書・876の７③但書）。

(4)　最判昭和49年７月22日家月27巻２号69頁。

父親に成年後見監督人がいない場合には、特別代理人の選任が必要となる。上記のとおり特別代理人等の選任には家庭裁判所の関与が必要であり一定の期間を要することから、それを踏まえた取引のスケジュール策定、又は、利益相反行為とならないような取引方法を検討する必要がある。

なお、売主が十分な判断能力を有するものの、株式譲渡までに判断能力が低下する可能性がある場合には、事務を委任する相手（任意後見人）や委任する事務の内容を予め公正証書による契約で定め、実際に本人の判断能力が不十分になった後に、任意後見人が委任された事務を本人に代わって行う任意後見制度を利用することも考えられる。この場合、任意後見人の権限として、株式の譲渡も含めておくことが必要となる。

イ　未成年の場合

未成年者（18歳未満の者（民法４））も制限行為能力者として、法定代理人（親権者又は未成年後見人）の財産管理に服する。以下、代表的な例である親権者を前提に述べる。

親権は、父母が婚姻中は、原則として父母が共同して行使するが（民法818③本文）(5)、父母が婚姻関係にない場合には、その一方が行うことになる（民法819）。

親権者は、子の財産を管理し、かつ、その財産に関する法律行為についてその子を代表することから（民法824本文）、仮に株主の中に未成年者が存在する場合に、当該未成年者から株式を買い取る場合には、当該未成年者を代表する親権者との間で契約を締結するか、親権者の同意を得た上で未成年者と契約を締結する必要がある。父母ともに親権者である場合には、原則としてその双方との間で契約を締結するか、双方から同意を得る必要があるものの、父母が離婚していた場合、離婚時に親権者と定められた者との間で契約を締結する、その親権者から同意を得る

---

(5)　父母の一方が親権を行うことができないときは、他の一方が行う（民法818③但書）。

ことになる。

また、未成年者との取引においても、成年後見人等と同様に、利益相反行為は禁止され、これを行う場合には特別代理人の選任が必要であり（民法826）、この規定に反して行われた利益相反行為は無効であると解されている(6)。

❸ 意思表示に瑕疵はないか

契約当事者に意思能力や行為能力があるとしても、個々の意思表示に瑕疵（内心と意思表示の不一致）がある場合、その意思表示をした者は当該意思表示を取り消すことができる（民法93～96）。株式譲渡においても、売主又は買主の株式譲渡の表示（売買の申込みや承諾）と意思に不一致がある場合、株式譲渡の無効を主張したり、取消しを求めたりすることができる。

株式譲渡において、しばしば実務上問題となるのは、錯誤（民法95）及び詐欺（民法96）である（独立した第三者間で締結された株式譲渡契約が錯誤無効であるとして争われた例として、東京地判令和２年３月19日金法2157号68頁がある）。たとえば、支配株主が少数株主から株式を譲り受ける場合、少数株主は発行会社の詳細な決算情報等を把握していないため、適正な株式価値を知らないことがほとんどである。したがって、少数株主としては、支配株主から打診された対価で株式を譲渡することがほとんどである。それゆえ、後になって、支配株主が第三者に対して発行会社株式を当該対価よりも高値で売却した、発行会社が第三者から高額で増資を受けた等の事実が判明すると、少数株主が支配株主に対して、錯誤又は詐欺を理由として、株式譲渡の取消しを求めることもある。

❹ 株式譲渡契約書は必要か

民法上、売買契約は、当事者の意思表示が合致した場合にその効力が生じ

---

(6)　最判昭和43年10月８日民集22巻10号2172頁。なお、法定代理人と未成年との株式譲渡の効力が利益相反行為に該当し、無権代理行為になるとしても、その後に追認が行われたとして、株式譲渡の法的効果が確定的に生じたと判断した事例として、東京地判平成23年12月２日判例集未搭載がある。

るとされており（民法555）、株式譲渡契約書の作成は法的効果が生じるための要件ではない。しかし、株式が譲渡されたことを示す書面として、株式譲渡契約書を作成することがほとんどである。但し、どのような株式譲渡契約書を作成するかについては、売主及び買主の関係性によって大きく異なる。

例えば、親族間での株式譲渡の場合、①当事者名、②株式譲渡を行うこと、③譲渡対象となる株式の数、④株式譲渡の対価の額、⑤効力発生日といった必要最低限のみを定めた契約書が作成される（概ね１～２頁程度の分量）。

他方で、独立した第三者間での株式譲渡契約の場合、売主及び買主のリスク分散等の観点から、多数の条項が規定され、数十頁のボリュームとなることも珍しくない。また、前提条件条項、誓約条項、表明保証条項又は補償条項等、日本の民法にはない概念や、アーンアウト、エスクローなどカタカナの専門用語を用いて規定されることが実務上一般的となっている。例えば、独立した第三者間での株式譲渡契約については、通常、以下のような構成で規定される。

①　株式の譲渡に関する合意
　・譲渡価格の合意（譲渡価格の調整、アーンアウト等）
　・譲渡価格の支払方法の合意（分割払い、エスクロー等）
②　株式譲渡の実行（決済）
③　株式譲渡の実行の前提条件
④　誓約事項
　・株式譲渡の実行前の誓約事項
　・株式譲渡の実行後の誓約事項
⑤　表明保証
⑥　補償
　・補償責任の限定
　・特別補償等

⑦　その他一般条項

・契約の解除

・秘密保持

・費用負担

・準拠法及び管轄

・誠実協議

株式譲渡契約書の各条項の意義や機能の詳細な解説は、戸嶋浩二＝内田修平＝塩田尚也＝松下憲『M＆A契約―モデル条項と解説』（商事法務、2018年）等を参照されたい。

⑵　会社法上のポイント

民法上、売買契約については、当事者間で売買対象の資産を移転させ、その対価として代金を支払うことを合意することによって、契約が成立して効力が生じる（民法555）。しかし、株式譲渡については、会社法に定められた手続を履践しなければ、効力が生じなかったり、譲受人が会社に対して株主であることを主張できなかったりする点に注意を要する。

❶　株券の交付が必要か

ア　株式譲渡と株券交付の関係

発行会社が株券発行会社である場合、株式譲渡は、株主と買主との間で発行会社株式に係る売買契約を締結し、買主に対して株券を交付することにより効力が発生する（会社法128①本文）。反対からいうと、株券発行会社の株式の譲渡は、当該株式に係る株券を交付しなければ、その効力が生じず、また、株券の発行前にした譲渡は、株券発行会社に対し、その効力が生じない（会社法128②）。したがって、株券発行会社の株式を譲渡する場合には、株券を実際に発行してもらった上でそれを交付しなければ、無効である⑺（株券不所持制度を利用している場合においても、株券の発行を受けた上で株式譲渡する必要がある）。他方で、発行会社が株券不発行会社である場合には、当事者間で合意した効力発生日に株式譲渡の効力が生じる。

非上場会社、特に親族により経営されている会社においては、株券発行会社であるにもかかわらず、親族間や役職員間での株式の譲渡に際して株券が交付されていなかったり、そもそも株券自体が発行されていなかったりする事例が散見される。特に、現在の会社法においては定款で株券を発行する旨を定めない限り株券発行会社とはならないが（会社法214）、平成18年の会社法制定前においては、株式会社は定款で株券を発行しない旨を定めない限り株券発行会社であって、株式譲渡には株券の交付が必要とされていたことから（旧商法205①）、社歴の長い非上場会社に係る株式の譲渡については、株券不交付により株式譲渡の有効性に疑義が生じるケースが多い。

株券発行会社において、過去の特定の株式譲渡について株券の交付がなされていなければ、譲受人は株式を有効に取得していないこととなり、当該譲受人やその者からさらに株式を譲り受けた者から株式を取得したとしても、株式を有効に取得することはできない。

この問題を是正するためには、本来は株券の交付をやり直す必要がある。しかし、既に前の株主が死亡していたり、所在不明であったりと、株券の交付ができない場合があるし、安易に過去の売主と接触して株券の交付のやり直しを求めたときに、当該者が株券の交付をしていなかったことを奇貨として、買主に対して手数料等の名目で金銭を要求することも想定される。したがって、この場合、まずは株券の交付を受けずに株式を譲り受けた者が株式を時効取得していないかを確認することが重要である。

---

(7) なお、株券発行会社が株券の発行を不当に遅滞し、信義則に照らしても株式譲渡の効力を否定することを相当としない状況に至った場合においては、株主は、意思表示のみによって有効に株式を譲渡でき、会社は、もはや、株券発行前であることを理由としてその効力を否定することができないとされている（最判昭和47年11月8日民集26巻9号1489頁）。

判例上、株式の時効取得の可否について確立した結論は出されていないが、株主権が時効取得の対象となることを肯定した裁判例として、東京地判平成15年12月1日判タ1152号212頁や東京地決平成21年3月30日判時2048号45頁等が存在する。そこで、第一に、時効取得の要件を満たしていないかを検討すべきである。具体的には、時効取得の要件として、①自己のためにする意思をもって（意思要件)、②平穏かつ公然に行使すること（権利行使要件)、及び③当該権利行使が一定期間継続していること（期間要件）が必要とされている。このうち要件③については、(i)占有開始時に善意かつ無過失の場合には、民法162条2項の規定に従い10年間（短期取得時効)、(ii)それ以外の場合には民法162条1項の規定に従い20年間（長期取得時効）とされている。かかる要件を満たしている場合には、時効の援用（民法145）により株主権を時効取得したとして整理して、その者から有効に株式譲渡を受けることが考えられる。

しかし、時効取得の要件を満たしていない場合、買主は、過去の譲渡が無効とされるリスクの高低に応じ、以下の二つの方法で対応することが考えられる。

無効と主張されるリスクが低い場合	株式譲渡契約において、過去の株式譲渡が無効となったときには、買主は売主に対して特別に補償してもらうような条項を設ける。
無効と主張されるリスクが高い場合	株式譲渡前にスクイーズアウト取引や組織再編成を行い、株式の帰属を明確にした上、株式譲渡を行う。

株券の交付をせずに株式譲渡が行われた時期が相当過去であること等、当事者から株式譲渡が無効と主張されるリスクが低いと思われる場合、買主は、その無効と主張されるリスクを受け入れて、万一株式譲渡が無効

であると判断されたときには売主に対して補償請求できるような規定を設けることで対応することが考えられる。

他方で、株券の交付がなかったことを理由として、当事者から株式譲渡が無効と主張されるリスクが相当程度ある場合、買主としては、売主側で株式の帰属を法的に明確にして欲しいと依頼することになる。この場合、売主側では、スクイーズアウト取引（第１部第１章03参照）や会社分割や株式移転等の組織再編成を行い、無効確認の訴えの出訴期間が経過することにより、これらの取引の効力が確定後（第三者から無効を主張される可能性がなくなった後)、株式譲渡を受けることも考えられる[8]。但し、この場合、売主側で手続負担が生じ、かつ、売主や発行会社における税務上の取扱いも異なってくる可能性があるため、注意が必要となる。

イ　株券を紛失している者からの株式譲渡

上記のとおり、株券発行会社の場合、株券の交付がなければ、株式譲渡は無効であることから、株券を紛失している株主は、株式譲渡を行うことはできない。この場合、株券を喪失した株主は、会社に対して、株券喪失登録の請求を行い（会社法223)、株券喪失登録日の翌日から起算して１年を経過した日後に株券の再発行を求めることができる（同法230②)。しかし、この方法を採用する場合、株式譲渡までに１年待つ必要があり、株式譲渡のスケジュールに大きな影響がある（株券を喪失した株主からの株式取得の注意点については、第１部第１章02の４(1)参照)。

そこで、会社において、株券を発行する旨の定款の定めを廃止する定款変更を行うことが考えられる。株券不発行会社となった場合、株主名簿に記載された株主は、株券の交付なく、株式を譲渡することが可能となる。株券を発行する旨の定款の定めを廃止する定款変更については、株

---

(8)　例えば、２回の株式移転をすることで以前の株券交付の問題をクリアできると解説するものとして、佐藤信祐『税務からみたM&A・組織再編成のストラクチャー選択』（中央経済社、2022年）98～99頁参照。

主に対する通知及び公告並びに株主総会の特別決議が必要となるものの、株券喪失登録の手続よりも、期間を短縮できる。したがって、売主が株主名簿に株主として記載されているものの、株券を紛失している場合には、株券不発行会社となることにより対応することも選択肢となる。

なお、実務上、株券を喪失している株主に対して、発行会社が株券喪失登録の手続を経ずに株券を再発行し、当該株主が株式譲渡を行い、再発行された株券を交付している例も散見される。しかし、この場合、新しく発行された株券は無効であって、法的には問題の解決になっていないことから、このような対応は避けるべきであろう。

❷ 譲渡承認が必要か

非上場会社の場合、発行会社株式は譲渡制限株式（株式の譲渡の際に、株主総会や取締役会等の承認が必要とされる株式のこと。会社法107①一）であることがほとんどであるため、原則として、株式譲渡の前に売主が発行会社に対して譲渡制限株式に係る譲渡承認の請求を行い、発行会社は、定款に規定された機関において譲渡承認をしておく必要がある（会社法136・139）。譲渡承認機関は、原則として、株主総会（取締役会設置会社においては、取締役会）であるが、定款に別段の定めを置くことも可能であるため、代表取締役を譲渡承認機関とする例もある(9)。

また、定款により、株主間での株式譲渡については、一定の場合に承認があったものとみなすと規定することも可能であり（会社法107②一ロ）、譲渡承認が必要である株式譲渡かについて、定款の定めを確認する必要がある。

株式譲渡承認決議が行われていない場合の株式譲渡の効力については、判例上、当事者間（譲渡人と譲受人間）では有効であるが、会社との関係では

(9) ただし、代表取締役を譲渡承認機関とする場合、承認の可否につき一定の基準を定め、その基準に従って個々の承認請求を処理することを委ねる形のみが認められるとの見解もある（江頭憲治郎『株式会社法』（有斐閣、第８版、2021年）240頁）。

(10) 最判昭和48年６月15日民集27巻６号700頁。これに対して当事者との関係でも会社との関係でも有効であるとの見解も存在する（山下友信編『会

無効であるとされている⑽。そのため、株式譲渡承認決議が欠けていることが発見された場合には、改めて株式譲渡承認決議を行うことが考えられる（もっとも、そのような事後的な決議が有効であるかについて、理論的な問題は残る）。いわゆる一人会社（株主が一人の会社）の株主が株式を譲渡した場合には、譲渡制限株式の制度趣旨が株主の利益を保護することにあることから、譲渡承認決議がなくとも会社に対する関係でも有効である⑾。

❸　株主名簿の名義書換え

株式譲渡に関して、株券発行会社においては株主名簿の書換えによって発行会社に対抗できることとなる（会社法130②。第三者に対しては株券の占有により対抗できる（会社法131①））。株券発行会社においては、実務上、株券の引渡しにより決済が完了した後、買主が発行会社に対して株券提示を行い、株主名簿の書換えを請求する（会社法133②、会社規22②一）。

他方、株券不発行会社においては、株主名簿への記載により、発行会社及び第三者に対抗できることになる（会社法130①）。したがって、株券不発行会社の株式の譲渡を行う場合には、通常、売主は、買主に対し、決済日において、売主の押印済み株主名簿の書換え請求書（会社法133）を提出することとされている。

❹　会社からの貸付けによる株式取得

非上場会社の株式譲渡においては、発行会社が買主に株式買取資金を貸し付けた上、買主が売主に対して株式譲渡代金を支払うこともある。具体的には、親が子に対して株式を譲渡する場合、子には株式買取資金がなく、かつ、外部から借り入れた場合には利息負担が生じることや、そもそも金融機関が個人に対して株式取得資金を融資することはほとんどないことから、発行会社が子に対して貸付けをし、子が当該借入金を原資として親から株式を取得するスキームである。

社法コンメンタール３株式⑴』（商事法務、2013年）383頁〔山本爲三郎〕）。
⑾　最判平成５年３月30日民集47巻４号3439号。

経済実質からすると、発行会社が自己資金により自己株式を取得しているように見えるため、自己株式の取得の潜脱に該当しないか、という点が問題視されることがある。

この点については、会社法上、他人名義による自己株式の取得が当該会社の計算による場合には、自己株式取得規制が及ぶと解されている(12)。そして、この「会社の計算による」取得に該当するか否かは、以下の点から判定される(13)。

①　取得に用いる資金の出所
②　取得のための取引に関する意思決定の所在（取引相手方の選択、買付価格の決定、買付時期の決定等）
③　取得した株式に関する支配の所在（株式の処分や株主権行使に関する権限の所在、配当や売買差損益の帰属）

発行会社が株式の取得のための経済援助として単に貸付をしたのみでは発行会社の計算においてするものとはいえないと思われる。しかし、貸付が形ばかりで債権を回収する予定もない場合や無利息又は極端な低利である場合は、実質的に会社の計算による取得に該当するという見解もあるため(14)、自己株式取得規制に抵触しないよう、買主と発行会社との間で適正な利息を規定した金銭消費貸借契約書を作成し、買主が株主として議決権を行使したり、配当を受領したりする必要がある。

また、発行会社が買主に対して金銭を貸し付ける場合には、貸金業法上、

(12)　江頭憲治郎『株式会社法』（有斐閣、第8版、2021年）253頁。
(13)　経済産業省「新たな自社株式保有スキームに関する報告書」（https://www.meti.go.jp/policy/economy/keiei_innovation/keizaihousei/esop_houkoku.pdf）13頁参照。
(14)　酒巻俊雄・龍田節『逐条解説会社法第2巻　株式・1』（中央経済社、2008）366頁〔龍田節〕、龍田節「会社の計算による自己株式の取得」法学論叢第138巻第4・5・6号1頁以下。

貸金業として登録が必要とならないか、という点も前もって検討しておくことが望まれる。

⑶　その他の法務上のポイント

❶　株式譲渡に対する手続規制

株式譲渡に関し、法令に基づく手続としては、独禁法（私的独占の禁止及び公正取引の確保に関する法律）や外為法（外国為替及び外国貿易法）の手続が問題となることがある。

ア　独禁法上の事前届出

まず、独禁法では、買主（会社）とその属するグループにおいて、国内売上高が200億円を超えている場合、発行会社とその子会社の国内売上高が50億円を超えるときには、発行会社の議決権割合の20％を超える株式取得であれば、買主は、公正取引委員会に対して事前に株式の取得に関する計画を届け出なければならない（独禁法10①）。買主が株式譲渡の実行前に手続を完了する義務を負うが、発行会社の財務情報や市場シェア等の情報が必要となるため、売主の協力も必要となる。

イ　外為法の事前・事後手続

外為法上、外国投資家（例えば、非居住者である個人、外国法を設立準拠法とする法人その他の団体、これらの者に議決権の50％以上を保有される会社、組合等であって非居住者である個人等が出資の金額の総額の50％以上を出資し、又は業務執行組合員の過半数を占めるもの等をいう。外為法26①）が、外国投資家以外のものから日本の非上場会社の株式を取得すること（非上場会社から株式の発行を受けることを含む）は、対内直接投資等に該当する（外為法26②一）。

⒂　国の安全に係る業種、公の秩序に係る業種及び公衆の安全に係る業種並びに日本固有の事情によりOECDに通報したうえで自由化を留保している業種（農林水産業、石油業、皮革・皮革製品製造業、航空運輸業、海運業をいう）。

外国投資家が対内直接投資等として一定の事前届出業種(15)を営む日本の非上場会社の株式を（１株でも）取得する場合、財務大臣及び事業所管大臣に事前に届出をしなければならない（外為法26②一・27①、直投令３②）。

当該届出をしたものが届出に係る株式の取得や処分をした場合、当該行為を行った日から45日以内に、財務大臣及び事業所管大臣に報告書を提出しなければならない（実行報告。外為法55の８、直投令６の５、直投命令７①一）。

なお、一定の場合に当該事前の届出が免除される事前届出免除制度は存在するものの、発行会社である非上場会社が一定のコア業種を営んでいる場合や、外国投資家が自ら発行会社等の取締役又は監査役に就任し又は自らの役員・従業者等をして就任させることを目的とする場合などの一定の場合には、外国投資家による出資比率又は議決権比率に関係なく、事前免除制度は利用できない点には注意する必要がある（外為法27の２①、直投令３の２②三・五、直投命令３の２⑤）。また、事前届出免除制度を利用した場合であっても、対内直接投資等を行った日から45日以内に対内直接投資等に係る事後報告を行う必要がある（外為法55の５①、直投令６の３①、直投命令６の２）。

他方、事前届出業種以外の業種を営む非上場会社への対内直接投資等については、対内直接投資等を行った日から45日以内に事後の報告を行うことで足りる（外為法55の５①、直投令６の３①、直投命令６の２）。

なお、かかる対内直接投資等であって、出資比率又は議決権比率が密接関係者と合わせて10％未満であるときは、事後の報告も不要となる（外為法27①、直投令３①四）。

また、外為法上、外国投資家が他の外国投資家から非上場会社の株式を譲受けにより取得することを特定取得という（外為法26③）。外国投資家が特定取得を行おうとする場合であって、非上場会社が特定取得に係る指定業種を営んでいる場合も、財務大臣及び事業所管大臣に事前に届け出なければならない（外為法28①）。当該届出をしたものが届出に係る株式の取得や処分をした場合、当該行為を行った日から45日以内に、財務大臣及び事業所管大臣に報告書を提出しなければならないのは、対内直接投資等の場合と同様である（実行報告。外為法55の８、直投令６の５、直投命令７①一）。

特定取得についても、一定の場合に当該事前の届出が免除される事前届出免除制度が定められている（外為法28の２①、直投令４の３②一）が、事前届出免除制度を利用した場合、特定取得を行った日から45日以内に特定取得に係る事後報告を行う必要がある（外為法55の５①、直投令６の３①、直投命令６の２）。なお、特定取得の場合、対内直接投資等とは異なり、指定業種を営んでいない非上場会社への特定取得を行った後に事後報告を行うことは求められていない。

さらに、居住者による非居住者からの非上場会社の株式の取得又は居住者による非居住者に対する非上場会社の株式の譲渡は資本取引に該当し（外為法20①五）、当該資本取引の額が１億円に相当する額以下の場合を除いて（外為令18の５①一、報告省令５①一）、居住者において資本取引の報告を要する場合があるため、注意を要する。

なお、非上場会社の株式の譲渡人である居住者が、外国から（内国法人である業務執行組合員から支払を受けた場合には不要と解されている）、（原則として）3,000万円を超える支払を受けたときには、譲渡人である居住者は、財務大臣に事後の報告をする必要がある（外為法55①、外為令18の４①一、報告省令１①）。

❷ 発行会社におけるその他の許認可に関する手続

株式譲渡の前後で発行会社の法人格や事業に変更はないため、発行会社が取得している許認可（道路運送車両法、警備業法、古物営業法、食品衛生法、薬機法等）は、通常はそのまま存続する。

しかし、許認可によっては、大株主の変更や役員変更が届出事由になっているケースもある。例えば、「廃棄物の処理及び清掃に関する法律」は、大株主が変更された場合には、変更された日から10日までに届出が必要とされている（同法14条の２③にて準用する７の２③、同法規則10の10①二ハ）。これらの手続は､株式譲渡の効力発生日以後に買主が実行すべき手続である。

したがって､株式譲渡前に､発行会社が保有している許認可をチェックし､事前又は事後の手続を要するのか、検討しておく必要がある。

2　税務上のポイント

非上場株式を譲渡する場合、各当事者において、以下のような税務上のポイントがある。

売主	・譲渡益の所得区分（個人） ・株式の取得費・譲渡原価（個人・法人） ・譲渡損益の計上時期（個人・法人）
買主	・株式の取得価額（個人・法人） ・株式の取得時期（個人・法人）
発行会社	・欠損金や含み損の切捨て

(1)　売主における税務上のポイント

❶　譲渡益の所得区分

売主が個人の場合、株式の譲渡に係る譲渡益は、原則として、「一般株式等にかかる譲渡所得等」に区分され、申告分離課税により20.315％（所得税15％・住民税５％・復興特別所得税0.315％。以下同じ）の税率で所得税等が課される（措法37の10①・37の11①）。

株式の譲渡は、上場株式等の譲渡と一般株式等の譲渡に区別されており、それぞれが別々に申告分離課税の対象とされるため、両者の譲渡所得と譲渡損失を損益通算することはできない⒃。

個人が株式を譲渡した場合には、多くのケースで所得区分が譲渡所得に該当することになる。他方、その株式の譲渡が営利を目的として継続して行われている場合には、事業所得又は雑所得として所得税等が課税される（所基通23～35共－11）。この「営利を目的として継続的に行われる」か否かは、その株式価値の増加が外部的な事情によるものか（譲渡所得）、保有者の活動によるものか（事業所得又は雑所得）によって判断することになるが、上場株式等で所有期間が１年を超えるものを譲渡した場合又は一般株式等を譲渡した場合には譲渡所得として取り扱って差し支えないものとされている（措通37の10・37の11共－２）。

株式の譲渡に係る所得区分が、譲渡所得、事業所得又は雑所得のいずれに該当するかによって、税率は同じであるもの⒄、取得費の特例の適用や必要経費の範囲が異なるため、譲渡益がどの所得区分に該当するかという論点は重要な意味を有する。

COLUMN　表明保証違反に基づく補償金の税務処理

表明及び保証は、M&A取引における売主又は買主が、一定時点の事実について真実かつ正確であることを相手方当事者に対して表明し、保証するものである。

⒃　なお、株式の譲渡が譲渡担保のみを目的として形式的に行われたものである場合において、一定の要件を満たすときは、債権者及び債務者の連名による申立書を提出することにより譲渡がなかったものとされる（所基通33－２）。この取扱いは、譲渡担保の契約形式が買戻条件付譲渡又は再売買の予約とされている場合であっても同様である。

⒄　事業所得又は雑所得に該当した場合であっても、申告分離課税により20.315％の税率で所得税等が計算されることは譲渡所得と同様である。

表明保証した事実が真実と異なっている場合には、当初想定されていた譲渡価格と実際の株式価値に齟齬が生じる可能性がある。この場合、表明保証に違反した当事者が相手方当事者に対して補償を行うことで、事後的にこの齟齬が解消されることになる。

表明保証は海外から輸入された取引実務上の概念であるため、表明保証違反に基づく補償履行請求権が私法上どのような性質を有すると考えるべきであるか、統一的な見解は現時点で存在しない。もっとも、補償金の法的性質はその実態に応じて、①損害賠償金と②株式の譲渡価格の調整という２つの考え方があり得る。そして、税務上も法的性質の考え方に従い、①損害賠償金として処理する考え方と、②譲渡代金の一部返金として処理する考え方がある。売主に表明保証違反等があり、売主から買主に対して補償金が支払われる場合における各当事者の税務処理は以下のとおりである。

①損害賠償金として処理する場合

	個人	法人
補償金を支払った売主	課税関係なし（必要経費として処理できない）	補償金を支払った事業年度で損金に算入（法法22③、法基通２－２－13）
補償金を受領した買主	雑所得として総合課税	補償金を受領した事業年度で益金に算入（法法22②、法基通２－１－43）

②譲渡代金の一部返金として処理する場合

	個人	法人
補償金を支払った売主	譲渡所得の減少を原因とする更正の請求を行い、還付を受けることができる。	補償金を支払った事業年度で損金に算入（法法22③、法基通２－２－13）
補償金を受領した買主	株式の取得費の減額	株式の取得価額の減算

税務上、①と②のいずれに該当するかは、原則として私法上の法律関係に即して判断されることになる。表明保証違反に基づく補償の私法上の性質決定については、私的自治の原則に従い、その表明保証の条件が公序良俗違反等に当たらない限り、当事者間で自由に決定されるものである⒅。したがって、株式譲渡契約書に補償金の法的性質が譲渡価格の調整であることが明記されているかどうかが重要な判断基準となる。

もっとも、補償金の法的性質の決定にあたっては、契約書の条項のみならず、表明保証違反に基づく補償金請求に係る訴訟が提起される場合の訴訟物が何であるのか（すなわち、損害賠償請求としての補償金請求であるのか、譲渡価格の調整としての補償金請求であるのか）、和解が成立している場合には、和解文書の文言や和解に至った経緯がどのようなものであったか等によっても判断が変わり得る点に注意を要する⒆。

買主が法人である場合、補償金の法的性質が損害賠償金とされると、補償金の受領時に益金に算入されることから、税務の観点からは、譲渡代金の一部返金と整理することが望ましい。そこで、買主が法人である場合は、補償金を取得価額の減算とすべく、譲渡代金の一部返金として扱う旨の条項を定

⒅　国税不服審判所裁決平成18年９月８日裁決事例集72集325頁。
⒆　東京高判令和３年３月11日判例集未登載。

めることが考えられる。
　一方、売主が個人である場合、譲渡代金の一部返金とすることで、株式の譲渡所得を減額して更正の請求を行うことができるため（所法64①・152、国通法23）、受け入れることに問題はないと思われる。むしろ、損害賠償金となると、必要経費として処理できないため、更正の請求を行うことができない。また、売主が法人である場合は、①と②のいずれであっても税務上は同様の処理を行うことになるため、②の立場を取ることに特段デメリットはないように思われる。
　したがって、売主が個人又は買主が法人の場合、補償金を譲渡代金の一部返金として構成することは税務上必須である。

❷ 譲渡所得・課税所得の計算

ア　取得費・譲渡原価

(a)　個人の場合

売主が個人の場合の譲渡所得の計算は、以下のとおりである。

譲渡所得 ＝ 株式の譲渡収入 －（取得費 ＋ 譲渡費用）

　購入した株式の取得費（所法33③）とは、購入の代価の額及び譲渡した有価証券の購入のために要した費用の合計額をいう。購入のために要した費用は、委託手数料（消費税等を含む）、交通費、通信費や名義書換料等が挙げられる。
　同一銘柄の株式を２回以上にわたって購入し、その株式の一部だけを譲渡した場合における譲渡所得及び雑所得の取得費の計算は、総平均法に準ずる方法によることとされている（所法48③、所令118①）。総平均法に準ずる方法とは、株式をその種類及び銘柄の異なるごとに区分して、次の算式により計算する方法をいう。一方、事業所得の取得費は総平均法により算定した金額とされる（所法48①）。

算式

（A＋B）÷（C＋D）＝１単位当たりの金額（１円未満の端数は切り上げ）

A＝株式等を最初に購入した時（その後既にその株式等を譲渡している場合には、直前の譲渡の時）の購入価額の総額
B＝株式等を最初に購入した後（その後既にその株式等を譲渡している場合には、直前の譲渡の後）から今回の譲渡の時までの購入価額の総額
C＝Aに係る株式等の総数
D＝Bに係る株式等の総数

なお、総平均法に準ずる方法により計算した１単位当たりの金額に１円未満の端数があるときは、原則として、当該端数を切り上げることとされている（措通37の10・37の11共－14）。

個人が相続、遺贈や贈与により株式を承継した場合、取得費は、被相続人（遺贈者）又は贈与者の取得費を引き継ぐことになる（所法60①一・所令109②一）。

ここで問題となるのは、贈与があったとみなされた場合に（相法７～９等）、買主の取得費がいくらになるかという点である。例えば、個人間で時価に比して著しく低額で株式が譲渡された場合、相続税法７条により売主から買主に対して時価と譲渡価額との差額相当額の贈与があったものとみなされ（みなし贈与）、贈与税が課される可能性がある。この場合、買主の取得費は、みなし贈与の適用有無に関わらず、売主において譲渡損が生じているかどうかによって取扱いが異なる。すなわち、時価に比して著しく低額（時価の50%未満をいう。所令169）で株式が譲渡された場合において、売主に譲渡損が生じているときは、当該譲渡

損は生じないものとみなされ、取引の相手方である買主の取得費は、売主の取得費を引き継ぐこととされている（所法60①二、59②)。これに対して、譲渡対価が時価の50%以上である場合、又は、譲渡対価が時価の50%未満であっても売主において譲渡損が生じない場合には、実際の譲渡対価が買主の取得費を構成することになる（所法38①)。

取得費が不明な場合には、売却代金の５％相当額をもって取得費とすることが認められている（措法31の４①、措通31の４－１）。この規定は、取得費が明らかである場合において、その実際の取得費が売却代金の５％相当額を下回っているときについても適用することができる。なお、離婚による財産分与により取得した株式の取得費は、財産分与による株式取得時の時価とされる。

COLUMN　離婚による財産分与に係る税務上の取扱い

離婚により分与者から被分与者に対して株式が財産分与されると、分与者及び被分与者双方において課税関係が生じることがある。特に、金銭ではなく現物資産を分与すると、分与者側でも課税が生じる可能性があるため、財産分与をする場合には、法務面だけではなく、税務面についても慎重に検討する必要がある。

■被分与者の課税関係

離婚による財産分与は、婚姻期間中に潜在的に生じていた夫婦の共有財産の清算であり、一方的に夫婦間で贈与が行われたものではないため、原則として被分与者に対して贈与税は課されない。但し、分与された財産の額が、婚姻中の夫婦の協力によって得られた財産の額その他の事情を考慮してもなお過当であると認められるような場合には、その過当である部分について、贈与税が課される可能性がある。

また、贈与税を免れるために、離婚を仮装したと認められる場合には、その離婚により分与を受けた財産の額について贈与税が課されることになる（相基通９－８但し書き）。

なお、税務上、財産分与は有償譲渡と整理されているため、被分与者が分与を受ける資産の取得価額は分与時の時価とされる。

■分与者の課税関係

分与者については、財産分与として金銭を支払う場合には特段課税関係は生じない。しかし、株式等の現物資産を財産分与した場合は、その分与時における価額により譲渡したものとして譲渡所得税が課されることになる（所基通33－１の４）。これは、財産分与による資産の移転を、財産分与義務の消滅という経済的利益を対価とする譲渡と解するものであり、判例上も財産分与に対する譲渡益課税が認められている(20)。

また、株式の譲渡による譲渡所得金額を計算するにあたり、譲渡所得課税の特例として、相続開始日の翌日から３年10か月以内に相続により取得した株式を譲渡した場合には、相続税額のうち譲渡する株式に対応する部分の金額として以下の算式により計算した金額を、その株式の取得費に加算して譲渡に係る収入金額から控除することができる（所法33・38、措法39、措令25の16、措規18の18）。これにより、譲渡所得税の計算上、相続税相当分の課税所得が圧縮されることとなり、税負担が抑えられる。なお、取得費に加算される金額はこの加算をする前の譲渡所得金額が限度となる。

---

(20)　最判昭和50年５月27日判タ324号202頁。

算式

$$\text{その者の相続税額} \times \frac{\text{その者の相続税の課税価格の計算の基礎とされたその譲渡した株式の価額}}{\text{その者の相続税の課税価格} + \text{その者の債務控除}}$$

相続財産を譲渡した場合の取得費の特例を受けるためには、相続財産の取得費に加算される相続税の計算明細書、譲渡所得の内訳書（確定申告書付表兼計算明細書【土地・建物用】）や株式等に係る譲渡所得等の金額の計算明細書等を添付した確定申告書を提出する必要がある（措法39②）。

(b) 法人の場合

法人が株式を譲渡した場合における譲渡原価の額は、譲渡した株式の１株当たりの帳簿価額に譲渡株式数を乗じて計算した金額とする（法法61の２①二)。なお、１株当たりの帳簿価額は、株式の区分ごと、かつ、銘柄ごとに移動平均法又は総平均法により計算することになるが、いずれの方法によるかは、当該株式を取得した日の属する事業年度に係る確定申告書の提出期限までに、納税地の所轄税務署長に届出を提出する必要がある（法法119の５②)。かかる届出がされない場合には、移動平均法が法定評価方法とされる（法令119の７①)。

イ　譲渡費用

(a) 個人の場合

株式の譲渡に要した費用の額は、譲渡所得の計算上、譲渡収入から控除することができる。譲渡費用の具体例としては、仲介会社に対する手数料が挙げられるが（所基通33－７)、それ以外にも、譲渡対象である株式の取得のための借入金に係る利子で、その年中（譲渡した日の１月１日から譲渡日までの期間）における当該株式の所有期間に対応する金額も譲渡費用に該当する。

なお、譲渡費用は、「客観的に見てその譲渡を実現するために当該費用が必要であったかどうか」により判断すべきものとされており[21]、譲渡に関連して支出した費用であっても、それが譲渡を実現するためのものとはいえない場合には、譲渡費用として計上することができない点に注意を要する。

また、譲渡益が事業所得又は雑所得に区分される場合、金融機関等に支払う口座管理料や投資顧問料等を必要経費に計上することができる。

(b)　法人の場合

売主が法人である場合、個人とは異なり、その費用が譲渡を実現するために支出されたか否かを問わず、事業に関連しているものである限り、原則として損金に算入されることになる。

ウ　グループ法人税制

完全支配関係がある内国法人の間で、固定資産、土地（土地の上に存する権利を含む）、有価証券、金銭債権及び繰延資産（但し、売買目的有価証券、譲受法人において売買目的有価証券とされる有価証券、その譲渡の直前の帳簿価額が1,000万円未満の資産を除く。以下「譲渡損益調整資産」という）の譲渡が行われた場合、当該譲渡損益調整資産の譲渡により生じる譲渡利益額又は譲渡損失額に相当する金額は、その譲渡をした事業年度の課税所得の計算上それぞれ損金の額又は益金の額に算入される結果、当該譲渡損益調整資産について課税が繰り延べられることになる（いわゆるグループ法人税制。法法61の11①、法令122の12①）。株式は有価証券に該当するため、100%グループ内の法人間で株式を譲渡した場合、当該株式の譲渡直前の帳簿価額が1,000万円未満であると

---

(21)　東京高裁差戻審平成18年９月14日訟月53巻９号2723頁。
やや特殊なケースではあるが、個人投資家が投資事業有限責任組合や任意組合を通じて株式等に投資している場合、当該投資から得た所得は、事業所得又は雑所得に該当する可能性がある（国税庁文書回答事例「投資事業有限責任組合及び民法上の任意組合を通じた株式等への投資に係る所得税の取扱いについて」https://www.nta.go.jp/law/bunshokaito/shotoku/040618/01.htm）

きを除き、原則として譲渡損益が繰り延べられる。

その後、当該株式について譲渡（譲受法人がさらにグループ内の法人に譲渡する場合を含む）、評価替え、又は譲渡法人と譲受法人の間に完全支配関係が喪失される事由等が発生した場合には、譲渡法人において譲渡損益が益金の額又は損金の額に算入され、そのタイミングで課税が実現することになる（法法61の13②・③、法令122の12④）。

❸ 譲渡所得・課税所得の計上時期

ア 個人の場合

(a) 引渡日における支払

株式譲渡に係る収入金額の収入すべき時期は、原則として株式の引渡しがあった日とされる。但し、譲渡に係る契約の効力が生じた日を収入すべき時期として選択することも可能である（措通37の10・37の11共－１）。

(b) 譲渡対価の分割払い

これに対して、買主から、譲渡対価の分割払いを提案されることがある（いわゆるHold Back）。これは、通常、買主の売主に対する補償請求の実効性を担保するための仕組みである。すなわち、将来、買主が売主に対して表明保証違反等に基づく補償請求を行う場合に、売主が無資力となっているリスク又は紛争が生じて補償を受けるまでに相当の期間を要することを想定して、譲渡対価を分割払いとすることにより、譲渡対価の残額の支払義務と補償義務を相殺し、買主は容易に回収できることになる。

分割払いは、売主にとって応ずるメリットがないものの、買主から表明保証違反のリスクが相当程度あること（例えば、発行会社に未払残業代がある、税務処理に疑義が残る事項がある等、潜在債務の可能性があること）を指摘された場合、分割払いに応じざるを得ないこともある。分割払いとした場合であっても、引渡日の属する年において、全額分の譲渡所得が生じる点には注意が必要である。

(c) エスクローを利用した場合の処理

上記(b)の分割払いは、買主の資力に問題が生じた場合、売主が残余金の支払を受けることができないリスクを負うことになる。

これを回避するための仕組みとして、エスクローが利用されることがある。エスクローとは、譲渡対価の一部を第三者たるエスクロー・エージェント（通常は金融機関）の口座に預け入れ、一定期間（例えば表明保証の期間）の間に補償請求があれば、当事者の合意や裁判所の判決に基づいて補償額を控除したうえで、売主に対して払い出し、補償請求がなければ預け入れた額をそのまま売主に対して払い出す仕組みである。

エスクローは、分割払いと比較して売主にとって受け入れやすい仕組みであるが、エスクロー・エージェントの報酬等、追加の費用が発生することになるため、実際にエスクローが利用されるのは一定規模以上の取引であるのが通常である。

税務上は、エスクローを利用した場合であっても、分割払いの場合と同様に、譲渡対価の総額について売主の権利が確定するのはあくまでも引渡日であり、当該日の属する年において、全額分の譲渡所得が生じることになる点には注意を要する(22)。

また、預け入れている金銭に利息が生じる場合、その利息は売主と買主のいずれに帰属するのかという点も検討しておく必要がある。

イ　法人の場合

法人が株式を譲渡した場合における譲渡損益は、原則として、その譲渡に係る契約の成立日に計上される（法法61の２①。約定日基準）。但し、法人がその株式の引渡しのあった日に譲渡損益を計上している場合には、当該処理を継続して適用することを条件として認められている（引渡日基準。法基通２－１－23）。

なお、事業年度末において約定済みで、未引渡しとなっている株式に

---

(22)　国税不服審判所裁決平成12年４月14日裁決事例集59集99頁。

ついては、引渡日基準を選択することができず、契約の成立日において譲渡損益を計上する必要がある点に注意を要する。

譲渡対価の分割払いを受けた場合や、エスクローが利用された場合は、上記の基準に従って、約定日又は引渡日の属する事業年度に譲渡対価の総額を基礎として譲渡利益額又は譲渡損失額を計算することになる。

COLUMN　アーンアウト条項

アーンアウト条項とは、一般に、M&A取引において、買収対価の一部をM&A取引の実行（クロージング）後、一定の期間内にM&Aの対象である会社又は事業が特定の経営指標等を達成することを条件として、買主が売主に対して追加的に支払う条項をいう。

アーンアウト条項は、売主と買主との間で、発行会社の将来の業績見通しにずれがあり、買収対価に関して容易に合意できないような場合に、買収対価の一部について買収後における一定の目標達成と連動させることにより、売主・買主間においてリスクの適切な分配を行い、買収対価に関する相互の見解の溝を埋め、取引をより成立しやすくするという機能を有している(23)。

アーンアウト条項に基づいて追加的に支払われる対価（以下単に「調整金」という）に関して、売主においてどのような課税関係が生じるのかという点が問題になり得る。調整金を受け取った際に、クロージング日において受け取る対価よりも不利な課税関係となる場合、売主としては、アーンアウト条項を設ける意義が減殺されてしまう。

(23)　森・濱田松本法律事務所編『M&A法大系〔第２版〕』（有斐閣、2022年）239頁。

アーンアウトの調整金については、様々な論点が存在する。

1．個人が売主である場合の問題

個人が売主である場合のアーンアウト条項を巡る税務上の論点は、主に調整金の所得区分と譲渡所得の計上時期の２点である。

⑴　調整金の所得区分

まず、買主が売主に対してクロージング日に支払う譲渡対価の所得区分は、上記のとおり、「一般株式等の譲渡所得等」（措法37の10）となる。しかし、クロージング日後に支払われる調整金の所得区分については、①一般株式等の譲渡所得等とする考え方、②一時所得とする考え方又は③雑所得とする考え方のいずれもあり得る。売主のその他の所得の状況によるものの、一般的には、売主にとって、①の取扱いが有利になると考えられる。

この点について、国税不服審判所裁決平成29年２月２日公刊物未搭載は、クロージング後の発行会社のEBITDA業績値に応じて買収対価の一部を支払う旨の条項に基づいて支払われた調整金は、譲渡所得に該当すると判断した。しかし、当該裁決は、アーンアウト条項は調整金が最終的に満額支払われることを想定して設けられたものと評価しているため（その結果、後払いとされている金額を含めてクロージング日に譲渡所得が実現したと判断している）、かならずしも満額支払われることが想定されていない一般的なアーンアウト条項に基づく調整金にまで当該裁決の考え方が妥当するのかという点については議論があり得る。

また、調整金が雑所得に区分されるという考え方を示唆するものとして、大阪高判平成28年10月６日訟月63巻４号1205頁が挙げられる。同判決は、特許を受ける権利の持分の譲渡契約において、一定の事由を達成した場合に売主に支払われる金員（マイルストーンペイメント）は、権利の移転時に客観的に権利の実現が可能になったということはできないため、譲渡所得に当たらず、また、マイルストーンペイメントは資産の譲渡と密接に関連していることから、一時的な所得である一時所得にも該当しないが、「資産の譲渡の対価としての性質」を有する所得として、雑所得に該当すると判断した。同判決を前提とすると、一般的なアーンアウト条項に基づく調整金も、雑所得に該当するとの結論になる可能性も否定できないが、アーンアウト条項は、売主と買主の情報格差があることから、買収対価の一部を条件達成にかからしめるものであって、私法上は買収対価の一部と評価されるべきであり、クロージング日に支払われる対価と所得区分が異なることについては疑問がある(24)。

以上のとおり、調整金の所得区分については、様々な考え方があり、それぞれの案件におけるアーンアウト条項を設けた目的やその法的性質によってどの所得区分になるかが判断されることになると考えられる。

(2) 譲渡所得の計上時期

一方、調整金の計上時期について目を転ずると、所得税法では、収入金額に算入すべき金額は、その年において「収入すべき金額」と定められているだけであり（所法36①）、法人税法と異なり、有価証券の譲渡損益の計上時期に関する規定は存在しない。そして、「収入すべき金額」とは、まだ収入がなくても「収入すべき権利の確定した金額」を指すものと解されている（権利確定主義）(25)。調整金は、特定の経営指標等を達成することを条件（停止条件）に支払われるものであることから、株式譲渡のクロージングをもって、調整金の金額が「収入すべき権利の確定した金額」に当たるかが問題となり得る。

停止条件は、法律行為の効力の発生を将来の不確定な事実の成否にかからしめるものであるため、アーンアウト条項のように停止条件が付されている場合には、停止条件が成就した時点で権利が確定した収入金額として算入するものと解釈するのが合理的であると考えられる(26)。

---

(24) 但し、アーンアウト条項の目的が、クロージング日後に発行会社に残存する売主に対するインセンティブである場合には、雑所得となる可能性も否定できないように思われる。

(25) 金子宏『租税法（第24版）』（弘文堂、2021年）317頁。

２．法人が売主又は買主である場合の問題

法人が売主となる株式譲渡契約において、アーンアウト条項が定められた場合、個人のような所得区分は問題とはならず、受領した調整金の計上時期が論点となる。

法人税法は、資産の譲渡に係る収益につき、原則として目的物の引渡しの日の属する事業年度の益金の額に算入する旨を規定している（法法22の２①）。しかし、有価証券の譲渡損益については、別段の定めが設けられており、「その譲渡に係る契約をした日」の属する事業年度の益金又は損金の額に算入するとされている（法法61の２①）。そして、相対取引において、「契約をした日」は、売買契約書の締結日等の当該相対取引の約定が成立した日をいうとされている（法基通２－１－22⑵）。

これらの取扱いからすると、株式譲渡の効力に停止条件が付されていた場合であっても、株式譲渡契約の締結日の属する事業年度において、譲渡対象株式に係る譲渡損益を益金又は損金の額に算入することになると思われる。しかし、有価証券の譲渡損益を「その譲渡に係る契約をした日」の属する事業年度の益金又は損金の額に算入することとした趣旨について、東京地判平成24年12月４日税資262号順号12104は、「有価証券の譲渡については、企業会計上も、売買契約の約定日に有価証券の得喪があったものと認識すべきものとされており、税法上も、当該有価証券の譲渡に係る契約が成立したときにその譲渡に係る所得も実現したものといえることにあると考えられる」と述べている。

そして、法人税法61条の２第１項のもととなった「金融商品会計に関する実務指針」234項では、約定日に有価証券の発生又は消滅を認識する理由として、「短期間に受渡しが履行され法的要件を満たすと同時に対価を受領

㉖　坂本武史「判例解説」最高裁判所調査官解説昭和40年度刑事編184頁も、「停止条件が付けられているものについては、その条件が成就したとき」に権利が確定すると解説している。

すること、受渡しの履行結果も約定日後短期間に明らかとなること、与信管理を行っていれば通常、不履行のリスクは極めて低いこと、また、売買契約締結により売手の当該有価証券の将来キャッシュフローに対する支配は実質的に買手に移転しており、売買約定日から時価の変動リスク又は発行者の財政状態等に基づく信用リスク等が買手に生じること」を挙げている。

このような法人税法61条の２第１項の「その譲渡に係る契約をした日」の立法趣旨からすると、株式譲渡契約が締結されたものの、停止条件が付されている場合には、株式譲渡の効力発生が不確定な事実にかかっており、譲渡損益の実現が未確定であること、締結日から停止条件成就までの期間が長期間になる可能性があること等を考慮すると、停止条件が付されている場合には、「その譲渡に係る契約をした日」は、原則として停止条件が成就した日と解釈するのが合理的であると思われる。したがって、アーンアウト条項に基づき支払われる調整金は、株式譲渡契約の締結日ではなく、調整金が支払われた日の属する事業年度の益金に算入すれば足りると考えられる。

また、買主が法人である場合、アーンアウト条項に基づいて支払った調整金が一時の費用となるのか、あるいは、株式の取得価額に加算されるのかという課税上の問題がある。さらに、かかる調整金が寄附金に該当するかという論点もあり得る。これらの点について、アーンアウト条項は、①取引実行後の事情に着目した対価の後払い的な性格を有するものであって、無償で供与されるものではないこと、②売主と買主との間でリスクを分配する機能を有しており、経済合理性のある取引であることからすると、寄附金には該当せず、その法的性格のとおり、追加の譲渡対価の支払として、株式の取得価額に加算されるものと考えられる。

(2) 買主における税務上のポイント

❶ 株式の取得価額

株式は減価償却資産ではないので（所令６、法令13)、株式を減価償却して必要経費や損金に算入することができず、買主は取得代金を費用化できない。

また、買収に要したデューデリジェンス（DD）費用や株式譲渡契約の作成に係る専門家報酬を、株式取得の意思決定後に支出した場合、支出した年度の必要経費又は損金に算入できず、株式の取得価額に取得に要した費用として加算しなければならない（所令109①一、法令119①一）(27)。この「意思決定」のタイミングが税務処理に与える影響について、審判所が判断を示した事案がある。当該事案において、臨時取締役会で株式取得を決議した後に、財務DDが実施されたことについて、審判所は、当該財務DDの費用が特定の有価証券を取得することを決定した後に支出された費用に該当し、株式の取得価額に算入すると判断した(28)。

この取扱いは、仲介会社に対して支払った仲介手数料についても同様で、意思決定前の情報提供料又は調査料として支払われる着手金は必要経費や損金に算入できるが、成功報酬として支払われる仲介手数料は原則として株式の取得価額を構成することになる(29)。

❷ 株式の取得時期

個人が株式を取得した場合における取得の時期は、取得の態様に応じて定められているが、売買により取得した株式については、原則として引渡しがあった日とされる（措通37の10・37の11共－18）。但し、納税者の選択により、当該取得に係る契約の効力発生日を取得日とすることも認められる。

他方、法人が株式を取得した時期は、譲渡時期と同様の処理基準が定められている。すなわち、原則として約定日基準としなければならないが、継続

---

(27) 株式取得の意思決定前に支出したデューデリジェンス費用であっても、買主の部内レベル等で特定の企業を買収先として絞っているようなケースでは、税務調査で、購入のために要した付随費用として株式の取得価額に含めるよう指摘された事案があるようである（「意思決定前のデューデリ費用が取得価額と認定も」税務通信3709号参照）。

(28) 国税不服審判所裁決平成22年2月8日公刊物未登載。

(29) アドバイザー報酬の損金性が争われた裁決例として国税不服審判所裁決平成26年4月4日等がある。

適用を条件に、引渡日基準を選択することができる（法基通２－１－23（注）２）。但し、事業年度末において、約定済みで、未引渡しの株式がある場合には、期末時点で株式の取得を認識する必要がある。通常であれば、取得時期が法人税に影響を与えることはないと思われるが、例えば、法人が低額で株式を取得するような場合に、当該株式が事業年度末において約定済み、かつ、未引渡しであると、引渡日基準を採用できず、約定日の属する事業年度に受贈益が計上される点に注意する必要がある。

❸　仲介手数料に係る消費税の取扱い

第三者が非上場株式を取得する場合、仲介会社が関与することが増えてきており、仲介手数料の消費税の取扱いが問題となることがある。買主が消費税の課税事業者である場合に、支払った仲介手数料の課税仕入に係る課税区分は、支払時における株式取得の目的に応じて異なる。例えば、企業支配等の保有が目的である場合は、課税売上と非課税売上のいずれにのみ要するものとは言えないため、「共通対応」に区分されることになる(30)。なお、将来に売却することを前提として株式を取得した場合には、支払った仲介手数料は非課税資産の譲渡等にのみ対応する課税仕入に該当することになると思われる(31)。共通対応に区分されると仲介手数料に係る消費税のうち課税売上割合を乗じた金額を仕入税額控除の対象にすることができる一方で、非課税資産の譲渡等にのみ対応する場合には、仕入税額控除の対象とすることができない。したがって、いずれの区分に該当するかによって、仕入税額控除額が変動し得るため、これらの取扱いを明確にするためには、株式の取得目的が稟議書等で客観的に説明することができる状態にしておく必要があるだろう。

---

(30)　「子会社株式等の購入手数料は共通対応」T&A master No.859（2020年）９頁参照。

(31)　国税庁質疑応答事例「株式の売買に伴う課税仕入れ」。https://www.nta.go.jp/law/shitsugi/shohi/19/06.htm

(3) 発行会社における税務上のポイント

株式譲渡によっては単に発行会社の株主が異動するのみであるので、原則として、発行会社に課税関係は発生しない。

但し、買主が法人である場合に、発行会社の繰越欠損金の利用が制限される場合がある点には注意が必要となる。具体的には、買収会社が第三者から繰越欠損金を有する発行会社（欠損等法人）の株式を取得し、特定支配関係（50％超の資本関係等）を有するに至った場合において、(i)発行会社に特定支配関係が生じる前に繰越欠損金を有し、かつ、(ii)特定支配関係が生じてから５年間に一定の事由が生じた場合には、当該一定の事由が生じた日の属する事業年度までに発生していた欠損金額について、特定支配関係が生じた後にその利用が制限される（法法57の２①）。一定の事由とは、典型的には、発行会社が買収前に事業を営んでいない場合において、買収後５年以内に事業を開始したような場合（法法57の２①一）や、発行会社が買収前に営む事業（旧事業）のすべてを買収後に廃止し、又は廃止することが見込まれている場合において、旧事業の買収直前における事業規模の概ね５倍を超える資金の借入れ又は出資による金銭その他の資産の受入れを行う場合（法法57の２①二）等である。この制度は、繰越欠損金を有する休眠会社を買収し、かかる休眠会社で新規に事業を開始することによって、当該事業から生じる所得と既存の繰越欠損金等を相殺する等の取引を防止する趣旨である。

なお、このような欠損等法人については、(i)上記の一定の事由が生じた日の属する事業年度開始の日から３年を経過する日又は(ii)特定支配関係が生じた日以後５年を経過する日のいずれか早い日までに特定支配関係が生じた日において有していた評価損資産を譲渡等することにより生じた譲渡等損失額を損金の額に算入しないという同趣旨のルールも別途存在する（法法60の３①）。

買主が発行会社の場合　03

株式の買主が発行会社の場合、発行会社による自己株式の取得となる。自己株式の取得である場合、法務・税務上、通常の株式譲渡とは異なる取扱いとなるため、注意が必要となる。

1　法務上のポイント

非上場会社である発行会社が株主との合意により自己株式を取得するための手続は、大きく分けると、ミニ公開買付け（原則的方法）と特定株主からの取得（例外的方法）がある。いずれの類型であっても、会社法上の手続規制及び財源規制が存在する。

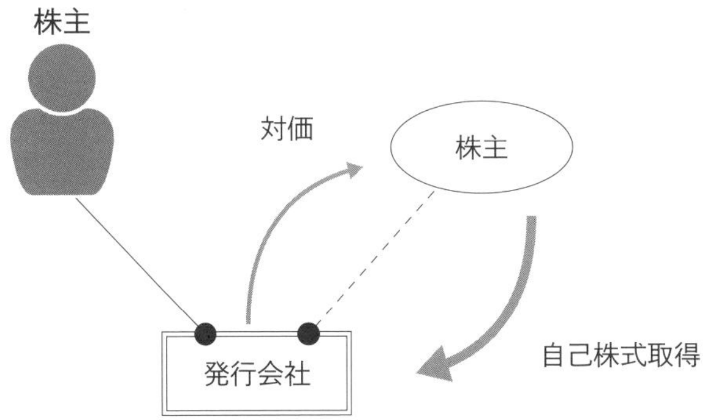

(1)　自己株式取得における手続規制

❶　ミニ公開買付けによる取得

ミニ公開買付けとは、すべての株主に通知又は公告を行い、申し込まれた株式（申込総数が取得する株式数を超えるときは、按分された数の株式）を取得するという自己株式の取得方法である。この方法は、金融商品取引法（金商法）上の自己株式の公開買付けを簡略した手続であることから、ミニ公開買付けと呼ばれている。なお、ミニ公開買付けは、非上場株式にのみ認められているものであり、上場株式に利用することはできない（金商法27の22の２①一）。

具体的な手続は以下のとおりである。

手続	内容
①　授権の決議	原則：株主総会において、取得枠の普通決議（会社法156①） 例外：剰余金の配当等を取締役会で決定する旨の定めがある場合に限り取締役会で決議
②　取得条件の決定	取締役会で取得条件を決議（取締役会設置会社の場合。非設置会社は株主総会）（会社法157①・②）
③　株主に対する通知又は公告	会社が取得条件を通知（公開会社は公告を選択できる）（会社法158）
④　譲渡しの申込み	株主が株式数を明らかにして譲渡しの申込み（会社法159①）
⑤　契約成立	申込み期日において、会社が株式の譲受けを承諾したものとみなされ（会社法159②）、売買が成立する。但し、申込総数が取得する株式数を超えるときは、按分された数の株式の売買が成立することとなる。

実務上、ミニ公開買付けは、すべての株主に通知する必要があり、かつ、申し込まれた株式を取得することになるため、予測可能性の観点から採用されることは少ないと思われる（ただし、以下で説明する特定株主からの取得についても、予定外の株主から売主追加請求権を行使される可能性がある）。

❷　特定株主からの取得

会社が特定株主から自己株式を取得する場合には、以下の手続を踏まなければならない。

手続	内容
①　売主追加請求の通知	原則：株主総会の日の2週間前までに株主に対して売主追加請求の通知（会社法160②） 例外：市場株価のある株式を市場価格以下で取得する場合、子会社から取得する場合等には売主追加請求はなし（会社法161～165①）。
②　授権の決議	株主総会の特別決議(定款の定めがあったとしても、取締役会によることができない)（会社法309②二・156①・160①） また、特定株主は、原則として、当該株主総会において議決権を行使することができない（会社法160④）。
③　取得条件の決定	ミニ公開買付けと同様
④　株主に対する通知	取得条件を通知（公告による方法はできないと解されている[32]（会社法160⑤・158①）。
⑤　譲渡しの申込み	株主からの譲渡しの申込みを受けて売買が成立
⑥　契約成立	申込み期日において、会社が株式の譲受けを承諾したものとみなされ(会社法159②)、売買が成立する。但し、売主追加請求の結果、申込総数が取得する株式数を超えるときは、按分された数の株式の売買が成立することとなる。

このように、第三者に対して株式譲渡をする場合と異なり、発行会社に対して株式を譲渡する場合、法的手続が複雑になる。特に、株主総会の特別決議が必要であり、譲渡する株主が議決権を行使できないため、他の株主の意向を確認しておくこと（株主総会において特別決議が可能であるか）が必要となる。

(32)　山下友信編『会社法コンメンタール4巻－株式(2)』（商事法務、2009年）28頁〔伊藤靖史〕。

また、特定株主以外に、売主追加請求権を行使した株主がいた場合、当該株主からも取得する必要がある点にも注意が必要である。なお、売主追加請求権は、定款で定めることにより排除することが可能であるものの、設立後の定款変更により排除する規定を設けようとする場合には株主全員の同意が必要となるため（会社法164）、導入のハードルは高い。

⑵　自己株式取得における財源規制

会社は、自己株式取得をする際に、株主に対して交付する金銭等の帳簿価額の総額が、その効力を生ずる日における分配可能額を超えてはならない(会社法461①二・三)。分配可能額とは、最終事業年度の剰余金の額をベースとして、一定の調整をして算出される金額である（会社法461②)。

分配可能額を超える対価を交付した場合、以下に掲げる者は、会社に対して連帯して交付した対価の帳簿価額に相当する金銭を支払う義務を負う（会社462①一、二)。但し、対価の交付を受けた者以外の者については、その職務執行につき注意を怠らなかったことを証明したときはかかる義務は負わない（会社法462②)。

- 対価の交付を受けた者
- 業務執行者
- 総会議案提案取締役
- 議案提案取締役

財源規制に違反した自己株式取得の効果は、それ自体は有効とする会社法の立法担当者の見解があるが⑶3、学説では無効とする説が有力である⑶4。

分配可能額が不足している場合、資本金又は資本準備金の額を減少させ、

⒀ 相澤哲編『立案担当者による新・会社法の解説（別冊商事法務295号）』(商事法務、2006年）135頁。
⒁ 江頭憲治郎『株式会社法』（有斐閣、第８版、2021年）262頁。

その他資本剰余金を増加させることによって対応することも可能である（会社法446三・四）。また、仮に分配可能額が十分であったとしても、発行会社には売主である株主に対して支払う現金が必要となるため、手許現金が十分であるかを確認する必要がある。もっとも、現金が不足している場合には、株主に対する未払金債務として処理することも可能である（その後に準消費貸借契約を締結して借入金債務とすることも可能）。

なお、自己株式の取得のうち、株式買取請求に対応して行う自己株式の取得等は、やむを得ない事情で自己株式を取得することになるため、財源規制の適用を受けない。

2　税務上のポイント

(1)　売主（株主）における税務上のポイント

個人が発行会社に対して当該会社の株式を譲渡した場合には、①みなし配当の受取りと②株式の譲渡という二つの取引に分解して、それぞれの課税関係を検討する必要がある。

発行会社から株式の対価として交付を受けた金銭等につき、みなし配当とされる部分と株式譲渡益とされる部分の区分については、以下の概念図のとおりである。なお、下図における資本金等の額のうち株式に対応する部分の金額は、以下(2)の計算式で示すとおり、発行会社において自己株式取得により減少する資本金等の額と同額とされる。

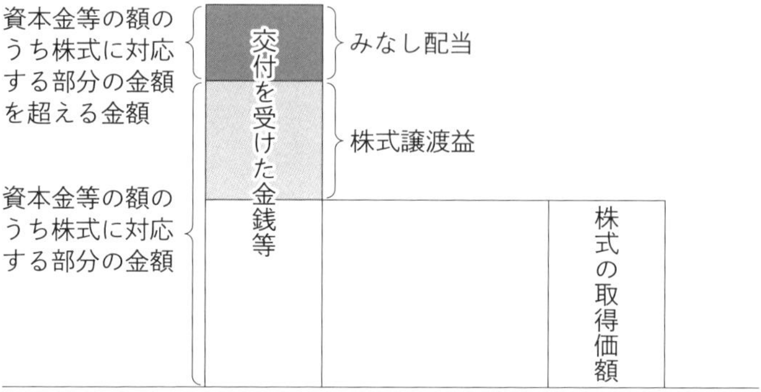

❶　みなし配当

売主（個人株主）に交付された金銭のうち、発行法人側で減少する利益積立金額がみなし配当（計算式は下記(2)を参照）として所得税等が課税される。売主（個人株主）に対するみなし配当は、通常の配当と同様に、原則として配当所得として総合課税の対象となる。この場合、所得税額等から一定割合を控除する配当控除を適用することができる（所法92）。

一方、法人株主においては、みなし配当の算定方法は個人株主と同様であるが（法法24①五）、内国法人が受ける配当については、二重課税防止の観点から、以下に掲げる区分ごとに一定の金額を益金不算入とする措置がとられている（法法23）。

区分	株式等所有割合	益金不算入額
完全子法人株式等	100％（完全支配関係）	全額
関連法人株式等	1/3超	全額（負債利子控除あり）
その他	5％超1/3以下	50％
非支配目的株式等	5％以下	20％

ここで注意を要するのは、各区分における株式等の所有期間が剰余金の配当における要件と異なる点である。すなわち、完全子法人株式等は、剰余金の配当を受ける場合であれば、当該配当に係る計算期間の初日から末日まで継続して完全支配関係があることが求められているところ、みなし配当に係る株式等の所有期間は、自己株式取得の効力発生日の前日において法人株主と発行会社の間に完全支配関係があるか否かにより判定される（法令22の２①)。また、関係法人株式等については、みなし配当の場合であっても、前回の配当等の基準日の翌日から自己株式取得の効力発生日の前日までの継続保有が要件とされており（法令22①本文)、完全子法人株式等と取扱いが異なる点に注意する必要がある。

なお、通常の剰余金の配当に係る所得税については、配当の計算期間のうち法人株主が株式を所有していた期間に応じて按分計算されたうえで税額控除の対象となるが、みなし配当に係る所得税は、元本の所有期間に対応する按分計算の対象外とされているため、源泉徴収された所得税の全額が税額控除の対象となる（法令140の２①一)。

❷ 譲渡損益

売主（個人株主）に交付された金額のうち、発行法人側の資本金等の額の減少に対応する金額（計算式は下記(2)を参照）を譲渡対価とし､株主（売主）の簿価を取得費として譲渡損益を認識する。

法人株主においても、発行法人で減少する資本金等の額に対応する金額を譲渡対価として株式等の譲渡損益を認識することになる。但し、法人株主と発行会社の間に完全支配関係がある場合には、株式等の譲渡損益は計上されず（法法61の２①・⑰)、譲渡損益相当額は法人株主における資本金等の額を加減算処理することで調整される（法令８①二十二)。

❸ 発行会社に対する譲渡とみなし配当に係る特例

相続した株式が非上場株式の場合、相続税の納税資金を確保するために売却しようとしても（相続税の納付期限は、原則として相続開始から10か月以内)、早期に第三者に対して売却することは容易ではないため、発行会社による自己株式の取得によって相続人が納税資金を調達する方法が検討されることもある。通常、個人が発行会社に対して株式を譲渡した場合、原則として、株式を譲渡した株主に対してみなし配当課税が生じ、みなし配当は総合課税となることから、みなし配当の金額によっては累進課税により最高税率55.945％（地方税含む）で課税される。

しかし、相続又は遺贈により財産を取得して相続税を課税された個人が、相続した非上場株式を相続開始日の翌日から３年10か月以内に発行会社に対して譲渡した場合には、その個人が株式の譲渡の対価として発行会社から交付を受けた金銭の額が、その発行会社の資本金等の額のうちその譲渡株式に対応する部分の金額を超えるときであっても、その超える部分の金額について、みなし配当課税は行われず、そのすべてが株式の譲渡所得として取扱われる（措法９の７、措令５の２）。このため、この特例の適用を受ける場合には、譲渡所得の金額に対して20.315％（地方税含む）の税率で課税されるにとどまる。

なお、この特例の適用を受けることができる個人は、相続又は遺贈により相続税を課税された個人とされており、譲渡する個人に納付すべき相続税額がない場合にはこの特例の適用を受けることができない。実務上注意すべき点は、配偶者の税額軽減制度（相法19の２）を適用し、配偶者の納付すべき相続税額がゼロになっている配偶者から自己株式取得を予定している場合である。こうした場合にこの特例を適用するためには、相続財産の按分割合を調整する等して、わずかでも配偶者に納付すべき相続税額を生じさせるようにする必要がある。

特例の適用を受ける個人は、その非上場株式を発行会社に譲渡する時までに「相続財産に係る非上場株式をその発行会社に譲渡した場合のみなし配当課税の特例に関する届出書（譲渡人用）」につき、発行会社を経由して、発行会社の本店又は主たる事務所の所在地の所轄税務署長に提出する必要がある（措令５の２②）。この届出書が譲渡する個人から発行会社に提出された場合には、発行会社が受け付けた時に、発行会社の本店又は主たる事務所の所在地の所轄税務署長に提出されたものとみなされる（措令５の２⑤）。

当該発行会社は「相続財産に係る非上場株式をその発行会社に譲渡した場合のみなし配当課税の特例に関する届出書（発行会社用）」を、その譲り受けた日の属する年の翌年１月31日までに、譲渡人から受領した上記「相続財産に係る非上場株式をその発行会社に譲渡した場合のみなし配当課税の特例に関する届出書（譲渡人用）」とあわせて本店又は主たる事務所の所轄税務署長に提出し、この届出書の写しを作成し、５年間保存しなければならない（措令５の２③④、措規５の５②）。

なお、個人がすでに相続した株式と同一銘柄の株式を所有していた場合において、その株式の一部だけを自己株式として譲渡すると、みなし配当の特例がどのように取り扱われるかという疑問が生じる。この点について、東京国税局は、文書照会に対する回答として、相続等により取得した株式から優先的に譲渡されたものとして、みなし配当の特例を適用することを明らかにしている(35)。

(2) 買主（発行会社）における税務上のポイント

発行会社による自己株式の取得は、資本等取引に該当するため、原則として損益は生じない（法法22⑤）。自己株式の売主である株主に交付する金額は、以下の一定の算式により資本金等の額と利益積立金額に対応する金額を算定し、それぞれから減少させる（法法２十六・十八、法令８①二十、９①十四）。

(35) 「相続財産に係る株式をその発行した非上場会社に譲渡した場合のみなし配当課税の特例の適用関係について（相続開始前に同一銘柄の株式を有している場合）」。https://www.nta.go.jp/about/organization/tokyo/bunshokaito/joto-sanrin/120417/index.htm

$$\text{資本金等の額の減少額} = \text{自己株式の取得直前の資本金等の額} \times \frac{\text{取得された株式の数}}{\text{自己株式の取得直前の発行済株式総数}}$$

$$\text{利益積立金額の減少額} = \text{交付した金銭等の額} - \text{資本金等の額の減少額}$$

発行会社は、自己株式を譲渡した株主に対して１株当たりのみなし配当の額を通知する義務があり、原則として、みなし配当に対する源泉徴収をしなければならない（所法212③・181①）。また、支払を受ける個人株主は、配当する会社に対し、配当の支払を受ける日までに、氏名、住所及びマイナンバーを告知した上で住民票の写しを提示又は送信し、発行会社は、告知された情報を当該書類で確認する必要がある（所法224の３①）。さらに、発行会社は、株主側では会社の利益積立金額や資本金等の額を把握できず、みなし配当の計算ができないため、みなし配当の発生事由、事由が生じた日、資本の払戻しの支払に係る基準日における発行済株式総数、みなし配当額に相当する金額の１株当たりの金額を株主に対して通知する必要がある（法令23④）。

また、発行会社は、株主側で株式の譲渡原価を計算するために、みなし配当の計算をする際に使用した割合を通知する必要があり（法令119の９②）、自己株式の取得後、支払調書を作成し、翌年１月31日までに、税務署長に提出する必要がある（所法225①二）。

なお、消費税に関して、非上場株式である自己株式の取得は、不課税となる（消基通５－２－９）。

⑶　発行会社の他の株主における税務上のポイント

発行会社により自己株式が取得された場合、発行会社の他の株主は取引当事者ではないため、原則として課税関係は生じない。但し、その自己株式取得の対価が時価に比して著しく低いと認められる場合は、他の株主は自己株式を譲渡した株主から贈与を受けたものとみなされて贈与税が課される可能性がある（相法９。下記第２章Q2の３(1)を参照）。

相続税法９条は、いわゆるバスケット条項としての機能を有しており、その趣旨は、「法律的には贈与によって取得したものとはいえないが、そのような法律関係の形式とは別に、実質的にみて、贈与を受けたのと同様の経済的利益を享受している事実がある場合に、租税回避行為を防止するため、税負担の公平の見地から、その取得した経済的利益を贈与によって取得したものとみなして、贈与税を課税すること」にあるとされている(36)。しかし、同条は抽象的な規定振りで、どのような場面で適用されるのか、その基準は明確ではない。そこで、相続税法基本通達９－２以下で具体的な取扱いが例示列挙されている。例えば、相続税法基本通達９－２では、同族会社に該当する会社に対して時価より著しく低い価額の対価で財産の譲渡があった場合に、当該財産を譲渡した者から、株主が贈与を受けたものとして取り扱う旨が規定されている（財基通９－２(4)）。

また、贈与税額の計算にあたり、その受けた利益の価額（贈与金額）を計算する必要がある。純資産価額の場合は比較的容易で、自己株式取得の前後で既存株主に帰属する金額の増加額がそのまま贈与金額になる。一方、類似業種比準価額は、常に直前期末の確定した数値を利用することになっているため、期中に自己株式取得が実施された場合、当該自己株式取得は類似業種比準価額に影響を与えないことになる。それゆえ、既存株主が受ける利益の価額（贈与金額）はゼロではないかという疑問が生じる。この点、東京地判平成26年10月29日税資264号順号12556(37)は、法人に対する資産の低額譲渡があった事案について、既存株主が受けた利益（類似業種比準価額の増加額）は、「直前期末において本件各譲渡があったものと仮定して計算した類似業種比

---

(36)　東京地判平成８年12月12日税資221号861頁（控訴審：東京高判平成９年６月11日税資223号1002頁）。

(37)　控訴審：東京高判平成27年４月22日税資265号順号12654、上告審：最決平成28年10月６日税資266号順号12912。

準価額」から、「直前期末において本件譲渡がなかったものとして計算した類似業種比準価額」を控除した金額によることが相当であると、直前期末を基準に類似業種批準価額の増加額を計算する旨判示している。純資産価額及び類似業種比準価額の説明については、下記第２章02の１(1)❸参照。

第2章

非上場株式の価格算定の実務と税務リスク

法務における株式の価格算定の実務 01

株式譲渡において最も重要な経済条件は、株式の譲渡対価である。株式の譲渡対価をどのように設定するかは難しい問題である。以下では、会社法及び民法上、株式の価格がどのように算定されているのかについて見ていくことにする。

1　会社法における株式の価格算定

非上場株式の取引においては、その株式の公正な価格を巡って当事者間で紛争になることがある。例えば、譲渡制限付株式の譲渡が承認されなかった場合や組織再編成が行われた場合の株式買取請求や価格決定の申立て等により、裁判所で株式の買取価格が争われることになる。

まず、組織再編成に関する反対株主買取請求権が行使された場合においては、株式の評価に関する裁判例が蓄積されており、一定の判断枠組みが形成されつつある。具体的には、第一に、組織再編成が独立当事者間で行われる場合には、原則として、当事者間の交渉の結果を尊重する、第二に、組織再編成が親子会社間等の支配―従属関係にある会社間で行われる場合には、組織再編成の対価の内容・額等の組織再編成条件の形成過程の公正さを審査する、第三に、組織再編成条件の形成過程が不公正と評価される場合には裁判所が自ら買取価格を決定するが、形成過程が公正である場合には、第一の場合に準じて当事者間の交渉の結果を尊重する、との判断枠組みである(38)。このような判断基準は、株式の取引価格それ自体ではなく、株式の取引価格の形成過程に着目するものである。そして、独立当事者間交渉では、各当事者は自己の利益を最大化するために行動することから、独立当事者間交渉の結果、合意された取引価格は合理的であるとの判断を背景にしているものと思われる。

---

(38)　加藤貴仁「レックス・ホールディングス事件最高裁決定の検討〔中〕－『公正な価格』の算定における裁判所の役割－」旬刊商事法務1876号（平成21年）５頁参照。

しかし、組織再編成における反対株主買取請求権とは異なり、株式買取の前に組織再編成といった行為が行われていない場合（株式譲渡の不承認に基づく価格決定申立てのような場合）に、どのように株式を評価するかが問題になることも多い。この場合、裁判等の場面において、専門家による株価算定が行われる。一般的に株価算定の手法として用いられる方法として、インカムアプローチ（DCF法、収益還元法等）、マーケットアプローチ（マルチプル法、市場株価法等）、ネットアセットアプローチ（修正時価純資産法等）といった手法が用いられることが多い。

各方法の主なメリット・デメリットは下表のとおりである[39]。

株式評価の各手法のメリット・デメリット

	メリット	デメリット
インカムアプローチ	将来の収益獲得能力及び固有の性質並びに市場での取引環境を評価結果に反映させることができる。	恣意性の排除が難しく、客観性に乏しい。
マーケットアプローチ	類似会社比較法やマルチプル法等があり、客観性に優れている。	類似取引や類似会社が存在しない場合には評価が困難である。
ネットアセットアプローチ	客観的な数値を基礎として評価できる。	将来の収益獲得能力や市場での取引環境を反映させることができない。

近時、会社法の非上場株式の評価が争われた裁判例では、これらの評価方法が用いられていることが多い。例えば、東京高決平成20年４月４日判タ

(39) 日本公認会計士協会編『企業価値評価ガイドライン（改訂版）』（日本公認会計士協会出版局、2013年）27、28頁参照。

1284号273頁は譲渡制限株式の買取価格の決定（会社法144）において収益還元法を、東京高決平成22年５月24日金判1345号12頁は、旧商法下の営業譲渡に反対する株主の株式買取請求においてDCF法を採用している。なお、複数の評価方法を折衷することによって株価の評価が行われることもある。例えば、大阪地決平成25年１月31日判時2185号142頁は、譲渡制限株式の買取価格の決定において、株式の価値を収益還元方式80%、配当還元方式を20%の割合で加重平均した価格とすべきと判断した。複数の評価方法を折衷する方法については、各評価方法には一長一短があり、一つの評価方法を選択すると、短所が増幅される危険があると考えられていることを理由として採用されることがある（福岡高判平成21年５月15日金商1320号20頁）。もっとも、このように複数の評価方法を組み合わせる手法につき、一つ一つが信頼に値しない数値を複数寄せ集めたからといって信頼できる数値が算出できるものではないとの指摘もある(40)。

なお、通常の株式譲渡において、少数株式は支配株式よりも低い価格で取引されており（いわゆるマイノリティ・ディスカウント）、かつ、非上場株式の場合には流動性が低いことを理由として低い価格となる（いわゆる非流動性ディスカウント）ことが多い。これに対して、裁判所は、マイノリティ・ディスカウントや非流動性ディスカウントを考慮することなく、株式を評価する傾向にある(41)。

2　民法における株式の価格算定

厳密には「取引」とはいえないものの、相続や離婚といった場面において、親族間で非上場株式が移転し、その価格が問題になることもあるため、以下説明する。

(40)　江頭憲治郎『株式会社法』（有斐閣、第８版、2021年）16頁。
(41)　久保田安彦＝湯原心一「譲渡制限株式の売買価格（下）―事前の観点を重視して―」旬刊商事法務2191号13頁以下参照。

(1) 相続における価格算定

相続の場面で非上場株式の価格が争われるのは、遺産分割及び遺留分侵害額請求においてである。

❶ 遺産分割における株式の価格算定

相続が開始すると、相続人は、相続開始の時から、被相続人の財産に属した一切の権利義務を承継する。そして、相続人が複数である場合には、相続財産は共有となる（民法898）。この共有状態を解消するためには、遺産分割を行う必要がある。

共同相続人は、相続により共同相続人の共有となっていた遺産について、協議により遺産分割を行い、遺産の全部又は一部の分割を行う。但し、協議が整わないときは、審判又は調停により分割が行われることになる（民法907①②）。相続人の協議による場合、法定相続分とは異なる分割とすることも可能である。

遺産分割は、具体的には次のステップで行われる(42)。

ステップ	内容
①相続人の範囲の確定	誰が相続人であるかを確認する。
②遺産の範囲の確定	相続開始時に被相続人が有していた財産を確定する。
③遺産の評価	上記②で確定した遺産の評価を行う。
④各相続人の取得額の計算	特別受益や寄与分を考慮し、各相続人の取得額を計算する。
⑤遺産の分割の方法の決定	上記④の取得額に基づき、各相続人に分割する。

(42) 東京家庭裁判所家事第５部「遺産分割調停の進め方」参照。

このうち、③の遺産の評価において、遺産に含まれる非上場株式を評価する必要がある。かかる株式評価において、会社法上の株式買取請求における価格の算定や下記第２章02の１で詳述する財産評価基本通達による方式が参考とされている。しかし、非上場株式の評価について、当事者間で価額の合意が成立しない場合には、公認会計士等の専門家の鑑定を必要とする場合が多い(43)。

財産評価基本通達による場合、基準が明確であり、画一的な計算ができる点でメリットがあるものの、評価方法によっては（配当還元方式や原則的方式のうちの類似業種比準方式）、非上場株式を承継しない相続人が想定していた株価よりも低く評価されることがある。それゆえ、非上場株式を承継しない相続人からは、財産評価基本通達ではなく、会社の実態に応じた価格算定方法を採用すべきとの主張が行われ、非上場株式を承継する相続人からは、株式評価に要する専門家費用や時間短縮の観点等から財産評価基本通達による評価を採用すべきとの主張が行われるという事態が生じ、合意が成立しないことがある。

❷　遺留分侵害額請求における株式の価格算定

ア　原則的な考え方

被相続人は、その所有する財産を自由に使用収益し、処分できる権利がある。したがって、相続人以外の第三者に全財産を遺贈したり、複数の相続人のうちの一人だけに全財産を承継させたりすることもできる。しかし、その一方で、相続人の生活保障や相続期待権の保護という観点から、相続財産の一定割合を遺留分という権利として相続人に付与する遺留分制度が設けられている。遺留分の割合は、直系尊属のみが相続人である場合には、被相続人の財産の３分の１、それ以外の場合には被相続人の財産の２分の１とされている（民法1042①）。そこで、被相続人が非上場

---

(43)　片岡武＝管野眞一『家庭裁判所における遺産分割・遺留分の実務』（日本加除出版株式会社、第４版、2022年）220頁以下。

株式を保有していた場合、遺留分を算定するために、当該株式の相続時の価格を算定する必要が生じる。

遺留分の算定の際に、いかなる手法で時価を算定すべきかについて、民法上、定めはないものの、遺産分割と同様に、財産評価基本通達やその他会社の実態に応じた評価方法により算定されることになると思われる。

イ　遺留分に関する特例

遺留分侵害額の算定の基礎となる財産は、相続開始の時の時価で算定される（民法1043①）。すなわち、株式を生前に贈与した時点では、遺留分を侵害していなかったとしても、贈与された株式価値が上昇したこと等により、相続時において遺留分を侵害していることもあり得る。このように、遺留分は、後継者が株式の贈与を受けること（支配権を集中させること）の妨げになることが多い。そこで、円滑な事業承継を実現するために、中小企業の株式の生前贈与について、経営承継円滑化法で遺留分に関する民法の特例が設けられている。この特例は、「特例中小企業者」の旧代表者の後継者と推定相続人が、その全員の合意をもって、書面により、「除外合意」か「固定合意」をする制度である。

「除外合意」は、後継者が旧代表者から贈与等により取得した特例中小企業者の株式等の全部又は一部について、その価額を遺留分算定の基礎となる財産に算入しない合意をいう（経営承継円滑化法４①一）。

「固定合意」は、後継者が旧代表者から贈与等により取得した特例中小企業者の株式等の全部又は一部について、合意時における価額で遺留分算定の基礎となる財産に算入する合意をいう（経営承継円滑化法４①二）。後継者が贈与等の時期から相続開始時までに事業に貢献した場合であっても、遺留分を算定するための財産の価額は、相続開始時の時価で評価されるため、後継者の貢献によって他の相続人の遺留分が多くなるという問題があったことから、固定合意により、遺留分算定の基礎となる財産に算入する金額を固定できることになる。

これらの特例は、中小企業の事業承継を円滑にするために創設されたものであるが、遺留分権利者の合意を必要とするものであり、申請件数は必ずしも多くない。特に、固定合意については、合意時の価額を算定しなければならないが、その算定された価額が適正な時価であるか事後的に紛争になる可能性もあることから、株価算定の専門家等が活用を躊躇しているという実態があるといわれている(44)。

なお、この特例の対象となる特例中小企業者とは、中小企業者のうち、一定期間以上継続して事業を行っており、株式が上場されていないこと等、資本金・従業員数・業種等の一定の要件を満たす企業をいう（経営承継円滑化法２）。

また、当該合意は、経済産業大臣の確認を得たうえで、家庭裁判所の許可を受けなければ、その効力は生じないため（経営承継円滑化法７・８）、手続的な負担は重い。

(2) 離婚に基づく財産分与における株式価格の算定

離婚する際に、財産分与が行われることがあり、非上場株式が財産分与の対象となり、その際に、非上場株式の時価を算定する場合がある。

日本の民法上、夫婦の財産は別産制を原則としており（民法762①）、夫婦の一方が婚姻前から有する財産及び婚姻中自己の名義で得た財産は、その特有財産となる。したがって、夫の所得で取得した財産は、夫の特有財産となり、夫婦の共有となるものではない。

しかし、日本の民法上、夫婦が離婚する場合、一方は、相手方に対して財産の分与を請求することができる（民法768①）。夫婦の財産は別産制であるものの、婚姻後の財産は夫婦の協力により獲得されたものであることから、いずれか一方の所有権に帰属するとしても、清算する必要があると考えられている。そこで、財産分与の際に、夫婦のいずれか又は両方が非上場株式を

---

(44) 中小企業庁は、固定合意をする場合における非上場株式の評価の参考とするために、「経営承継法における非上場株式等評価ガイドライン」を公表しているが、固定合意の利用が進んでいないのが実情である。

保有している場合には、その評価を行う必要が生じる。この点について、財産分与の際に、いかなる手法で時価を算定すべきかについて、民法上、定めはない。遺産分割と同様に、会社法や財産評価基本通達に従った評価方法により算定されることになると思われる。

なお、非上場株式そのものではないが、財産分与に関し医療法人の出資持分の評価が争いとなった事案がある。当該事案では、医療法人の出資持分3,000口のうち2,900口を有する夫が妻と離婚するに際し、当該出資持分の評価について、裁判所は、出資者である夫が医師として稼働する意思を持っており、当分の間、出資持分の払戻しを請求するとは考えられないこと、将来払戻請求がなされるまでに当該医療法人にどのような事業運営上の変化等が生じるか予想が困難であること等の流動的要素を勘案して、当該医療法人の純資産価額の７割相当で評価すべきと判断した(45)。

---

(45)　大阪高判平成26年３月13日判タ1411号177頁。

税務上の時価と税務リスク　02

法務において、非上場株式の時価評価をすべき場面は多々あることに加えて、税務においても、非上場株式を時価評価すべき場面は多い。

税務上の「時価」とは、課税時期における客観的交換価値をいい、当該財産につき、不特定多数の当事者間において自由な取引が行われる場合に通常成立すると認められる価額をいうものと解されている(46)。しかし、税法においては、かかる「時価」の具体的な評価方法について何ら定められておらず、一般的抽象的な評価の考え方を定めているだけであり、これだけで具体的に非上場株式の時価を算定することは容易ではない。

そこで、相続税においては、財産評価基本通達の定めに依拠して非上場株式の時価を算定することとなっている（相法22、財基通１(2)）。また、所得税及び法人税においては、一定の留保条件のもとに財産評価基本通達の定めにより非上場株式を評価することとされている（所基通59－６、法基通４－１－６・９－１－14）。

適正な時価によらないで取引を行った場合、税務上のリスクを負うことになる。そこで、以下では、税務上の株式時価の算定方法を概説した後、適正な時価によらない場合の税務リスク及び発行会社が関与する資本取引における税務リスクについて見ていくこととする。

1　税務上の時価の算定方法

(1)　財産評価基本通達に基づく非上場株式の評価

個人が相続、遺贈又は贈与により非上場株式を取得した場合の評価は、財産評価基本通達に基づくこととされている（財基通１(2)）。

財産評価基本通達は、178から189－７において、非上場株式の評価方法を定めている。その評価方法のフローチャートを図示すると以下のとおりで

(46)　東京地判平成27年11月19日税資265号順号12756及びその控訴審である東京高判平成28年４月13日税資266号順号12841ほか。

ある。非上場株式の評価は、STEP1において、当該株式を相続、遺贈又は贈与により取得した株主の属性に着目し、当該株主が支配株主と少数株主のいずれに該当するかにより、それぞれ異なる評価方法を採用することとしている。

非上場株式に係る評価方法のフローチャート

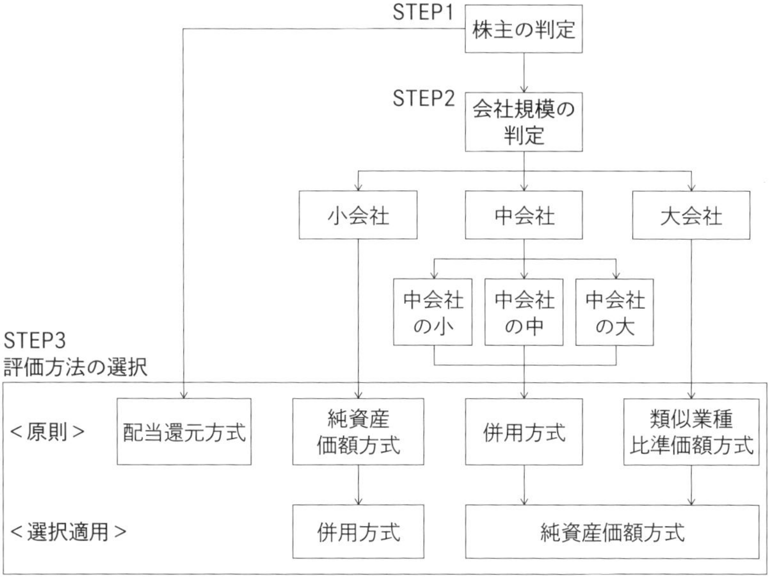

❶ 株主の判定（STEP1）

非上場株式の評価は、当該株式を取得した株主がいわゆる支配株主に属するのか、少数株主に属するのかによって評価方法が異なる。したがって、非上場株式を評価するにあたり、まずは評価会社の株主の保有状況を判定することが第一歩となる。具体的には、以下の判定表を用いて、株式取得者が適用すべき評価方法を選定することとなる。

株主区分の判定表

株主の態様別による各評価方法の判定表　　株式移動後の議決権割合により判定

<table>
<tr><th colspan="5">株主の態様</th><th>評価方法</th></tr>
<tr><td rowspan="6">同族株主のいる会社</td><td rowspan="5">同族株主</td><td colspan="3">取得後の議決権割合5％以上</td><td rowspan="4">原則的評価方式</td></tr>
<tr><td rowspan="4">取得後の議決権割合5％未満</td><td colspan="2">中心的な同族株主がいない場合</td></tr>
<tr><td rowspan="3">中心的な同族株主がいる場合</td><td>中心的な同族株主</td></tr>
<tr><td>役員又は役員となる株主</td></tr>
<tr><td>その他</td><td rowspan="2">配当還元方式</td></tr>
<tr><td colspan="4">同族株主以外の株主</td></tr>
</table>

<table>
<tr><th colspan="5">株主の態様</th><th>評価方法</th></tr>
<tr><td rowspan="5">同族株主のいない会社</td><td rowspan="4">議決権割合の合計が15％以上のグループに属する株主</td><td colspan="3">取得後の議決権割合5％以上</td><td rowspan="2">原則的評価方式</td></tr>
<tr><td rowspan="3">取得後の議決権割合5％未満</td><td colspan="2">中心的な株主がいない場合</td></tr>
<tr><td rowspan="2">中心的な株主がいる場合</td><td>役員又は役員となる株主</td><td rowspan="3">配当還元方式</td></tr>
<tr><td>その他</td></tr>
<tr><td colspan="4">議決権割合の合計が15％未満のグループに属する株主</td></tr>
</table>

同族株主とは、課税時期における評価会社の株主のうち、株主の一人及びその同族関係者の有する議決権の合計数がその会社の議決権総数の30％以上である場合におけるその株主及びその同族関係者をいう（財基通188(1)）。但し、株主の一人及びその同族関係者の有する議決権の合計数のもっとも多いグループの有する議決権の合計数が、その会社の議決権数の50％超である場合には、50％超の株主グループのみを同族株主とする。

したがって、50％超の株主グループが存在する場合には、その他の株主グループが30％以上の議決権を有していたとしても、その30％以上の株主グループは同族株主には該当せず、50％超の株主グループのみが同族株主に該当する。その一方で、50％超の株主グループが存在しない場合には、30％以上の議決権数を有する複数の同族株主が存在することもあり得る。

なお、ここにいう「同族関係者」とは、法人税法施行令4条に規定する特殊の関係にある個人又は法人をいう（財基通188(1)）。同条は法人税法上の同族会社を判定する際の基準となる規定である。

同族関係者の範囲

特殊の関係にある個人	株主等の親族
	株主等と婚姻の届出をしていないが事実上婚姻関係と同様の事情にある者
	株主等の使用人
	上記に掲げる者以外の者で株主等から受ける金銭その他の資産によって生計を維持しているもの
	上記に掲げる者と生計を一にするこれらの者の親族
特殊の関係にある法人	同族会社であるかどうかを判定しようとする会社の株主等の一人が他の会社を支配している場合における当該他の会社
	判定会社株主等の一人及びこれと上記に規定する特殊の関係のある会社が他の会社を支配している場合における当該他の会社
	判定会社株主等の一人及びこれと上記に規定する特殊の関係のある会社が他の会社を支配している場合における当該他の会社

❷　会社規模の判定（STEP2）

非上場株式を評価するにあたっては、発行会社の規模を判定する必要がある。財産評価基本通達は、発行会社の業種、従業員数、総資産価額、取引金額をもとに会社規模を、大会社、中会社（中会社はさらに3区分に分類）、小会社に分類し、それぞれ異なる評価方法を定めている（財基通178）。

会社規模の判定表

【直前期末の総資産価額（帳簿価額）及び直前期末以前1年間における従業員数に応ずる区分】

<table>
<tr><th colspan="3">総資産価額（帳簿価額）</th><th rowspan="2">従業員数</th><th rowspan="2" colspan="2">会社規模とＬの割合（中会社）の区分</th></tr>
<tr><th>卸売業</th><th>小売・
サービス業</th><th>卸売業・小売・
サービス業以外</th></tr>
<tr><td>20億円以上</td><td>15億円以上</td><td>15億円以上</td><td>35人超</td><td colspan="2">大会社</td></tr>
<tr><td>４億円以上
20億円未満</td><td>５億円以上
15億円未満</td><td>５億円以上
15億円未満</td><td>35人超</td><td>0.90</td><td rowspan="3">中会社</td></tr>
<tr><td>２億円以上
４億円未満</td><td>2.5億円以上
５億円未満</td><td>2.5億円以上
５億円未満</td><td>20人超
35人以下</td><td>0.75</td></tr>
<tr><td>7,000万円以上
２億円未満</td><td>4,000万円以上
2.5億円未満</td><td>5,000万円以上
2.5億円未満</td><td>５人超
20人以下</td><td>0.60</td></tr>
<tr><td>7,000万円未満</td><td>4,000万円未満</td><td>5,000万円未満</td><td>５人以下</td><td colspan="2">小会社</td></tr>
</table>

【直前期末以前１年間の取引金額に応ずる区分】

<table>
<tr><th colspan="3">取引金額</th><th rowspan="2" colspan="2">会社規模とＬの割合（中会社）の区分</th></tr>
<tr><th>卸売業</th><th>小売・
サービス業</th><th>卸売業・小売・
サービス業以外</th></tr>
<tr><td>30億円以上</td><td>20億円以上</td><td>15億円以上</td><td colspan="2">大会社</td></tr>
<tr><td>７億円以上
30億円未満</td><td>５億円以上
20億円未満</td><td>４億円以上
15億円未満</td><td>0.90</td><td rowspan="3">中会社</td></tr>
<tr><td>3.5億円以上
７億円未満</td><td>2.5億円以上
５億円未満</td><td>２億円以上
４億円未満</td><td>0.75</td></tr>
<tr><td>２億円以上
3.5億円未満</td><td>6,000万円以上
2.5億円未満</td><td>8,000万円以上
２億円未満</td><td>0.60</td></tr>
<tr><td>２億円未満</td><td>6,000万円未満</td><td>8,000万円未満</td><td colspan="2">小会社</td></tr>
</table>

まず会社規模を判定するにあたり、従業員数が70人以上である場合には、無条件に大会社に該当することになる。70人未満である場合には、総資産価額、取引金額及び従業員数を上の表にあてはめ、会社規模を判定することになる。

この表の読み方については、まず、総資産価額と従業員数を比べて、より下位である区分を選択した上、次に、取引金額と比べてより上位である区分を選択し、会社規模を判定する。

❸ 原則的評価方式（STEP3）

原則的評価は、会社規模に応じて、それぞれ次に掲げる方式に基づき評価される（財基通179）。

会社区分と評価方法

会社区分	評価方式	
大会社	類似業種比準価額と純資産価額いずれか少ない方	
中会社	大	類似業種比準価額（※1）×0.90＋純資産価額（※2）×0.10
	中	類似業種比準価額（※1）×0.75＋純資産価額（※2）×0.25
	小	類似業種比準価額（※1）×0.60＋純資産価額（※2）×0.40
小会社	類似業種比準価額（※1）×0.50＋純資産価額（※2）×0.50と純資産価額（※2）のいずれか少ない方	

※1　類似業種比準価額に代えて純資産価額をとることが可。ただし、※2とは異なり、純資産価額の80％で評価することは不可。

※2　議決権割合50％以下の株主グループに属する株主は、純資産価額の80％で評価可。

ア　類似業種比準価額

類似業種比準価額とは、評価会社と類似する業種に属する上場会社の株価並びに1株当たりの配当金、年利益金額及び純資産価額（帳簿価額によって計算した金額）を基として計算した金額をいう（財基通180）。

具体的な算式は以下のとおりである。

$$\text{類似業種比準価額}=A\times\left[\frac{\dfrac{\text{Ⓑ}}{B}+\dfrac{\text{Ⓒ}}{C}+\dfrac{\text{Ⓓ}}{D}}{3}\right]\times\text{斟酌率}\times\frac{\text{1株当たり資本金等の額}}{\text{50円}}$$

「A」＝類似業種の株価
「B」＝類似業種の1株当たりの年配当金額
「C」＝類似業種の1株当たりの年利益金額
「D」＝類似業種の1株当たりの純資産価額
「Ⓑ」＝評価会社の1株当たりの年配当金額＝直近2期の配当金額の平均額(臨時的な配当を除く)
「Ⓒ」＝評価会社の1株当たりの年利益金額＝直近1期又は直近2期の平均額のいずれか低い方を選択（課税所得金額をベース）
「Ⓓ」＝評価会社の1株当たりの純資産価額＝直前期末の税務上の別表5(一)の金額
「斟酌率」＝大会社0.7、中会社0.6、小会社0.5

イ　純資産価額

純資産価額方式による1株当たりの純資産価額とは、課税時期において評価会社が有する各資産を財産評価基本通達の規定に基づいて評価した総資産価額から各負債の合計額及び評価差額に対する法人税額等に相当する金額を控除した金額を発行済株式数で除して計算した金額をいう(財基通185)。なお、株式の取得者が属する株主グループの有する議決権割合が50％以下であるときは、1株当たりの純資産価額の80％相当額の金額によって評価することができる。類似業種比準方式及び純資産価額方式並びに併用方式が原則的評価方法である。

❹　特例的評価方式

配当還元方式は特例的な評価方法であり、類似業種比準方式における「年配当金額」と同様に、直前期末以前２年間の配当金額の合計額の２分の１に相当する金額を、直前期末における発行済株式数（資本金等の額を50円で除して計算した数とする）で除して計算したものである。

$$\text{配当還元価額} = \frac{\text{その株式に係る年配当金額}}{10\%} \times \frac{\text{その株式の1株当たりの資本金等の額}}{50\text{円}}$$

❺　特定の評価会社

以下に掲げるような特定の状況にある会社は、資産の保有状況、営業の状態等が一般の評価会社と異なるものであり、一般の評価会社に用いる方法では適正に評価することができないと考えられている。そこで、財産評価基本通達189項は、特定の評価会社に該当する会社については、それぞれに定める評価方法のみを適用できることとしている。

特定の評価会社の判定は、下記表中の⑥から①の順序で行う。例えば、ある評価会社が「④開業後３年未満の会社」であり、かつ、「②株式等保有特定会社」である場合には、「④開業後３年未満の会社」に該当することとなる。

特殊な評価会社の評価方法

会社区分	原則的な評価方法
①　比準要素数１の会社	純資産価額方式×0.75＋類似業種比準方式×0.25
②　株式等保有特定会社	純資産額方式（一部、類似業種比準方式を利用できる「S1＋S2方式」も選択可能）
③　土地保有特定会社	純資産価額方式
④　開業後３年未満の会社等	純資産価額方式
⑤　開業前又は休業中の会社	純資産価額方式
⑥　清算中の会社	清算分配見込額の複利現価額相当額

※　比準要素数とは、「１株当たりの配当金額」、「１株当たりの利益金額」及び「１株当たりの純資産価額（帳簿価額によって計算した金額）」のことを指す。

上記⑤（開業前又は休業中の会社）と⑥（清算中の会社）を除き、非上場株式の取得者が少数株主に該当するときは、特例的評価方式を適用することができる。

(2)　法人税法上の時価

法人税法上の非上場株式の評価は、法人税基本通達４－１－５及び４－１－６又は９－１－13及び９－１－14に定められている。これらの規定は、資産の評価換え等に係るものであり、本来は評価損益を計上する際の株式の時価を算定する規定である。しかし、実務上は、非上場株式を譲渡した場合における時価算定に準用されており、税務当局もそのような取扱いを是認している(47)。

(47)　髙橋正朗編著『法人税基本通達逐条解説（10訂版）』（税務研究会出版局、2019年）852頁。

法人税基本通達９－１－13　上場有価証券等以外の株式の価額

上場有価証券等以外の株式につき法第33条第２項《資産の評価換えによる評価損の損金算入》の規定を適用する場合の当該株式の価額は、次の区分に応じ、次による。

⑴　売買実例のあるもの　当該事業年度終了の日前６月間において売買の行われたもののうち適正と認められるものの価額

⑵　公開途上にある株式（金融商品取引所が内閣総理大臣に対して株式の上場の届出を行うことを明らかにした日から上場の日の前日までのその株式）で、当該株式の上場に際して株式の公募又は売出し（以下９－１－13において「公募等」という。）が行われるもの（⑴に該当するものを除く。）金融商品取引所の内規によって行われる入札により決定される入札後の公募等の価格等を参酌して通常取引されると認められる価額

⑶　売買実例のないものでその株式を発行する法人と事業の種類、規模、収益の状況等が類似する他の法人の株式の価額があるもの（⑵に該当するものを除く。）当該価額に比準して推定した価額

⑷　⑴から⑶までに該当しないもの　当該事業年度終了の日又は同日に最も近い日におけるその株式の発行法人の事業年度終了の時における１株当たりの純資産価額等を参酌して通常取引されると認められる価額

法人税基本通達９－１－13は、評価損に関する原則的な取扱いを定めている。しかし、非上場株式の時価を算定する観点からは、上記⑴～⑶のいずれにも該当しないケースがほとんどであり、通常は⑷の規定によることが多い。また、⑷の規定も抽象的な内容であるため、実際には具体的な評価方法を定めた法人税基本通達９－１－14を準用することになる。

なお、譲渡時の時価を算定する場合には、「事業年度終了の時」は「譲渡時」に読み替えることになると思われる。

法人税基本通達９－１－14　上場有価証券等以外の株式の価額の特例

法人が、上場有価証券等以外の株式（９－１－13の⑴及び⑵に該当するものを除く。）について法第33条第２項《資産の評価換えによる評価損の損金算入》の規定を適用する場合において、事業年度終了の時における当該株式の価額につき昭和39年４月25日付・直資56 直審（資）17「財産評価基本通達」（以下９－１－14において「財産評価基本通達」という。）の178から189－７まで《取引相場のない株式の評価》の例によって算定した価額によっているときは、課税上弊害がない限り、次によることを条件としてこれを認める。

⑴　当該株式の価額につき財産評価基本通達179の例により算定する場合（同通達189－３の⑴において同通達179に準じて算定する場合を含む。）において、当該法人が当該株式の発行会社にとって同通達188の⑵に定める「中心的な同族株主」に該当するときは、当該発行会社は常に同通達178に定める「小会社」に該当するものとしてその例によること。

⑵　当該株式の発行会社が土地（土地の上に存する権利を含む。）又は金融商品取引所に上場されている有価証券を有しているときは、財産評価基本通達185の本文に定める「１株当たりの純資産価額（相続税評価額によって計算した金額）」の計算に当たり、これらの資産については当該事業年度終了の時における価額によること。

⑶　財産評価基本通達185の本文に定める「１株当たりの純資産価額（相続税評価額によって計算した金額）」の計算に当たり、同通達186－２により計算した評価差額に対する法人税額等に相当する金額は控除しないこと。

法人税基本通達９－１－14は、非上場株式の評価を、一定の留保条件の下で、財産評価基本通達によって行うことを認めている。この留保条件とは、上記⑴～⑶と、「課税上弊害がない限り」を指す。

なお、法人が売主として非上場株式を譲渡する場合における法人税法上の時価（法人税法上は「その有価証券の譲渡により通常得べき対価の額」という（法法61の２①一））は、法人税基本通達２－３－４の規定により、法人税基本通達４－１－５及び４－１－６の定めに基づき算定することとされている。もっとも、法人税基本通達４－１－５及び４－１－６は、法人税基本通達９－１－13及び９－１－14とほぼ同一の内容が定められており、いずれの規定によったとしても法人税法上の時価は同額となると考えられる。

(3) 所得税法上の時価

所得税法上の非上場株式の評価は、所得税基本通達23～35共－９及び59－６において定められている。これらの規定は、法人税基本通達の規定と多くの部分で共通しているものの、一部取扱いが異なる点がある。以下では、法人税基本通達の規定と異なる部分を中心に解説する。

相違点	法人税法上の時価	所得税法上の時価
売買実例の時期	当該事業年度終了の日前６月間において（法基通９－１－13（一））	最近において（所基通23～35共－９（四）イ）
財産評価基本通達の準用	課税上弊害のない限り準用を認める（法基通９－１－14柱書）。	原則として準用する（所基通59－６柱書）。
同族判定の時点	特段の定めなし。	譲渡前の議決権割合で同族判定をする（所基通59－６（一））。

まず、一つめの相違点は、売買実例の期間につき、法人税基本通達９－１－13では「当該事業年度終了の日前６月間において」とされているのに対して、所得税基本通達23～35共－９では「最近において」とされていることである。

「最近において」の範囲がどの程度の期間をいうかは明文上の定めはない

が、非上場株式の売買実例の時期が争点となった事案[48]では、課税時期から約1年1か月又は2年5か月前の売買実例であっても、同族会社においてはそもそも株式の取引事例が乏しいのが通常であり、上場されていないため、投機目的の取引がないのであるから、上場株式のように価格が小刻みに変動することもなく、この程度の時間的間隔をもって直ちに時価算定の参考にならないということはできないと判示している。

次に、法人税基本通達と所得税基本通達を比較した際のもっとも大きな違いは、所得税基本通達59－6では、同族判定を「株式譲渡又は贈与直前の議決権の数」により行うという点である。財産評価基本通達においては、同族判定を株式取得後の議決権割合により行うものと解されているのに対し、所得税基本通達においては、株式譲渡前の議決権割合により行うこととされている。他方、法人税基本通達においては、特に定めがない。

この点は下記(5)で詳述する。

(4)　独立した第三者間の売買における取引価額

非上場株式の税務上の評価方法は上記したとおりであるが、171ページのフローチャートを用いて評価方法を判定することに先立ち、まずは取引の当事者が「純然たる第三者」に該当するか検討する必要がある。なぜなら、通常のM&A取引のように、取引当事者が純然たる第三者間であると認められる場合、その合意された取引価額が財産評価基本通達に基づく評価額と乖離したとしても、原則として客観的交換価値を表しているものとして税務上も是認されるからである。この点、税務当局も、法人税基本通達逐条解説[49]において、「純然たる第三者間において種々の経済性を考慮して定められた取引価額は、たとえ上記したところと異なる価額であっても、一般に常に合理的なものとして是認されることになろう」と解説している[50]。

---

(48)　大分地判平成13年9月25日税資251号順号8982。

(49)　髙橋正朗編著『法人税基本通達逐条解説』(税務研究会出版局、10訂版、2021年) 852頁。

ここで重要となるのは、「純然たる第三者」とは誰を表しているのかという点である。税務上、「第三者」と「純然たる第三者」は明確に分けられており、単なる「第三者」間で合意された取引価額は適正な時価にはなり得ないと解されている。それでは、「純然たる第三者」と認められるためには、どのような関係性が求められているのか。

法令及び通達において、「純然たる第三者」の定義は明らかではないが、裁判例では「自由な意思決定ができる独立・対等な立場にある当事者間」とされている(51)。一見すると、親族関係や資本関係がない当事者間であれば、純然たる第三者に該当するように思われるものの、両者の間の従前の経緯や株主の構成等の事情が、取引価額の算定に影響を及ぼす可能性があると考えられる（たとえば、下請関係、融資関係など）。したがって、実際の取引価額が客観的交換価値（時価）に合致している（すなわち、取引当事者が「純然たる第三者」に該当する）かどうかは、対等な立場にある当事者間において自由な交渉を経て行われた取引であることが重要な判断要素になる(52)。

以上の整理を踏まえると、取引当事者に親族関係や資本関係がなかったとしても、その取引価額の形成要因に、株式それ自体の価値以外の要素が含まれているような場合には、純然たる第三者間の取引と評価することはできないと思われる(53)。

---

(50) 所得税基本通達逐条解説（令和３年版）760頁においても、「当然のことながら、純然たる第三者において種々の経済性を考慮して決定された価額（時価）により取引されたと認められる場合等、この取扱いを形式的に当てはめて判定することが相当でない場合もあることから、この取扱いは原則的なものとしている。」と言及されている。

(51) 東京高判（差戻控訴審）令和３年５月20日公刊物未登載。

(52) 渡辺淑夫＝山本清次編『法人税基本通達の疑問点五訂版』（ぎょうせい、2012年）では、純然たる第三者について、「資本関係、取引支配関係、人的支配関係のいずれもない場合をいいますから、例えば、特約店や社員、メインバンク等は純然たる第三者とはいえません」という見解を示している。

(53) 東京地判平成27年３月27日税務訴訟資料265号順号12643（控訴審：東京高判平成28年４月21日税務訴訟資料266号順号12848、上告審：最決平成29年３月21日税務訴訟資料267号順号12999）。

具体例でみると、大株主が自社と取引関係にある金融機関等に株式を譲渡した事案において、税務当局は、当該譲渡が適正な売買実例に該当し、税務上の時価であると主張したものの、裁判所は、取引の見返りに対する金融機関等の期待が株価の決定に影響した可能性は十分に考えられるとして、適正な売買実例には該当しないと判断した(54)。

また、会社の代表者が、親族関係のない116名の少数株主から株式を買い受けた事案では、売主である少数株主が客観的な交換価値を把握できるだけの情報を入手していたとは言い難く、かつ、取引価額の算定も専門家が関与しておらず、買主の大体の感覚で決められたものであるとして、時価を正当に評価したものとはいえないと判断されている(55)。

このように、純然たる第三者の該当性を巡り、納税者と税務当局で紛争になった事案は複数存在しているが、その多くで純然たる第三者間の取引ではないという判断が下されている。東京地判平成17年10月12日税資255号順号10156において判示されているように、売買実例が適正と認められるのは、「当該取引事例が，取引相場による取引に匹敵する程度の客観性を備えたものである場合等例外的な場合に限られ」るのであり、実務においては非常に限定的であると理解すべきであろう。

ところで、上記の純然たる第三者の判断基準に照らすと、必ずしも親族間取引が排除されているわけではないと思われる。もちろん、取引当事者に親族関係があると、取引価額の形成過程において、独立・対等な立場で交渉が行われることは稀で、ときに意図的に時価よりも低額又は高額で株式が売買されることもある。しかし、取引当事者が真に紛争状態にあり（例えば、遺産分割や遺留分侵害額請求で争いが生じている状態など)、M&Aと同視し得るような手続の公正性が存在すると認められるときは（双方に弁護士が起用されて真摯な交渉が行われていたり、専門家による鑑定評価が行われていた

---

(54) 東京地判平成17年10月12日税資255号順号10156。
(55) 東京地判平成19年１月31日税資257号順号10622。

りするような場合)、親族間取引であったとしても、合意された取引価額を時価として取り扱うべきであると思われる（これは企業グループ内で行われるM&Aについても同様である)。この場合には、独立した立場による交渉で取引価額が決定したことを明らかにするために、交渉の際の資料（相互に第三者評価機関から入手した株式評価書等）やメール等を整理して残しておくべきであろう。

(5) 属性別の非上場株式の評価方法のまとめ

これまで見てきたように、非上場株式を売買する場合における評価方法は、その売買の当事者がそれぞれ「支配株主か少数株主か」又は「個人か法人か」によって異なることになる。この当事者の属性別の類型は、以下のとおり全部で16パターン存在する（下記の自己株式取得のパターンを除く)。

属性別パターン

売主＼買主		個人		法人	
		支配	少数	支配	少数
個人	支配	①	②	⑤	⑥
	少数	③	④	⑦	⑧
法人	支配	⑨	⑩	⑬	⑭
	少数	⑪	⑫	⑮	⑯

純然たる第三者間を除き、個人間で非上場株式が売買される場合、売主においてみなし譲渡が適用されることがなく、かつ、財産評価基本通達に基づく相続税評価額が税務上の時価となることから（相続税法７条によるみなし

贈与の問題であることから)、常に買主を基準にして株式を評価すれば足りることになり、実務上、売主と買主で税務上の時価の乖離が論点となることはほとんどない。その一方で、売主又は買主のいずれか(あるいはその両方)が法人である場合、税務上の時価は、法人税法上の時価又は所得税法上の時価となり、売買でありながら売主と買主の税務上の時価に乖離が生じる可能性がある(いわゆる「一物二価」の現象)。この問題は、異なる属性の当事者間で非上場株式が売買される場合に生じるものであり、株式の売買という実務的に頻繁に行われる取引であるにもかかわらず、未だに確立した見解がなく、実務上の難問となっている。

また、税務の問題ではないが、法人が適正な時価よりも低い価額で株式を譲渡し、又は時価よりも高い価額で株式を取得した場合、当該法人の取締役は、その取引に経済合理性がない限り、善管注意義務違反を問われる可能性がある点に注意する必要がある(56)。

以下では、売主及び買主の属性に着目して、それぞれの立場での税務上の時価の考え方について触れたうえで、一物二価となり得る取引類型に焦点をあてて解説する。

---

(56) 最判平成22年7月15日集民234号225頁。

❶ 個人売主－個人買主（185ページ表「属性別パターン」①～④の取引類型）

売主及び買主が個人である場合

買主＼売主		個人	
		支配	少数
個人	支配	原則的評価方式 （財基通） ① 原則的評価方式 （所法36）	配当還元方式 （財基通） ② 配当還元方式 （所法36）
	少数	原則的評価方式 （財基通） ③ 配当還元方式 （所法36）	配当還元方式 （財基通） ④ 配当還元方式 （所法36）

個人間で非上場株式が譲渡された場合、売主においては、収入すべき金額から取得費及び譲渡費用を控除して譲渡所得金額が計算されることになっている(57)（所法33③）。所得税法において、「収入すべき金額」の定義は置かれていないが、昭和26年に発遣された旧基本通達では「収入すべき金額とは、収入する権利の確定した金額をいう。」と規定されており、この考え方に基づくと、実際の取引価額が収入すべき金額になると解される。したがって、仮に取引価額が時価に比して低額であったとしても、それが個人間での譲渡の場合は、下記のみなし譲渡に関する規定（所法59①）の適用がないため、

(57) 所得税法33条３項は、総収入金額という語を用いているが、これは副収入や付随収入等も加えた収入金額の総額のことをいい、収入金額と総収入金額の間には概念上の差異はないと解されている（武田昌輔監修『DHCコンメンタール所得税法』（第一法規、加除式））ため、本書ではシンプルな収入金額（収入すべき金額）という語を用いている。

実際の取引価額を基礎に所得金額が計算されることになる。

その一方で、買主が時価よりも著しく低い価額で非上場株式を譲り受けた場合、みなし贈与課税の規定（相法7）が適用される可能性があることから、買主としては株式の取引価額と税務上の時価との乖離が生じているか慎重に検討する必要がある。典型例としては、少数株主からオーナーが自社株式を集約するようなケースである（表③の場合）。

以上から、個人間で非上場株式が譲渡される場合には、実務上、買主の属性を考慮して、非上場株式の評価方法が決定される。例えば、買主が支配株主であれば、売主の属性に関係なく、財産評価基本通達による原則的評価方式で評価し、他方、買主が少数株主の場合には、配当還元方式で評価して株式の譲渡対価を決定することが多い。ただし、支配株主である買主の資金調達の問題や少数株主と支配株主との関係性から、原則的評価方式での買取ではなく、より低い価額での買取を望む場合もある。この場合には、支配株主である買主において贈与税の課税リスクが生じることを十分に認識しておく必要がある。

❷ 個人売主－法人買主（185ページ表「属性別パターン」⑤～⑧の取引類型）

売主が個人、買主が法人である場合

売主＼買主		法人	
		支配	少数
個人	支配	原則的評価方式（法基通） ⑤ 原則的評価方式（所基通）	配当還元方式（法基通） ⑥ 原則的評価方式（所基通）
	少数	原則的評価方式（法基通） ⑦ 配当還元方式（所基通）	配当還元方式（法基通） ⑧ 配当還元方式（所基通）

個人が法人に対して非上場株式を譲渡する類型は、売主と買主で税務上の時価が乖離することで「一物二価」の問題が生じる可能性がある。

まず、売主と買主で属性が同じになる⑤と⑧の取引類型においては、「一物二価」の問題は生じることはない。⑤の取引類型については、売主は所得税法上の時価（原則的評価方式）、買主は法人税法上の時価（原則的評価方式）で評価することになる。⑧の取引類型は、所得税法上の時価(配当還元方式)、買主は法人税法上の時価（配当還元方式）で評価する。

一方、⑥の取引類型は、売主は所得税法上の時価（原則的評価方式）、買主は法人税法上の時価（配当還元方式）で評価されるため、通達のルールに従うと、必然的に「一物二価」の問題が引き起されることになる。

通常であれば、買主にとって支配権を得られない割合の株式を取得する場合、その取引価額が配当還元価額相当とされるのは当然のことであろう。しかし、実際に取引価額を配当還元価額とすると、取引価額が（売主にとっての）時価に比して著しく低い価額であるとして、売主にみなし譲渡課税（所法59①二）が生じる可能性がある。

このような「一物二価」が存在する場合に税務上の適正な時価が争われた事例として、東京地判平成29年８月30日税資267号順号13045(58)がある。同事案では、同族株主である個人が、少数株主である法人に非上場株式を配当還元価額で譲渡したところ、税務当局が当該譲渡は低額譲渡であるとして、所得税法59条１項２号の規定により、原告である個人に対して所得税の更正処分を行った。

第一審は、所得税法59条１項に定める「その時における価額」とは、譲渡所得課税制度の趣旨からあくまでも譲渡人にとっての価値により評価するのが相当であることから、所得税法上の非上場株式の評価を定めた所得税基本通達59－６が客観的交換価値を算定する方法として適正であるとして、同族判定と同様、株式譲渡前の議決権割合の判定を行った課税処分を是認した。

これに対し、控訴審は、所得税基本通達59－６及び財産評価基本通達の取扱いを合理的としつつも、同族判定については所得税基本通達59－６(1)で「譲渡直前」と定めている一方で、議決権割合の判定についてはそのような定めはなく、財産評価基本通達188項(2)から(4)には、「株式取得後の議決権の数」や「取得した株式」という文言があることから、その文理上、譲渡後の譲受人の議決権割合で判定することが相当であると判断し、税務当局の主張を排斥した。

最高裁は、譲渡所得に対する課税の趣旨に照らして、譲渡人の会社への支配力の程度に応じた評価方法を用いるべきものと解されるとし、上告人（税務当局）敗訴部分を破棄して、東京高裁に差し戻すことを言い渡した(59)。こ

---

(58)　控訴審：東京高判平成30年７月19日税資268号順号13172、上告審：最判令和２年３月24日判時2467号３頁。

(59)　同判決には、宇賀克也判事と宮崎裕子判事の補足意見が付されている。宇賀克也判事は、通達が法規命令ではなく、下級行政庁に対する命令規則

の最高判決を受けて、所得税基本通達59－６が改正され、譲渡直前の議決権割合で判定されることが明確となった。

税務上の時価が客観的交換価値と定義されていることに照らして考えると、株式譲渡という一つの取引について、当事者の属性によって税務上の時価がそれぞれ存在するという税務処理は違和感が残るものの、最高裁の判断を踏まえると、実務上は「一物二価」を前提に検討することになると思われる。

次に、⑦の取引類型は、売主は所得税法上の時価（配当還元方式）、買主は法人税法上の時価（原則的評価方式）で評価されることになる。この典型例は、例えば従業員株主から創業者一族が支配する資産管理会社が株式を買い戻すようなケースである。所得税基本通達59－６と異なり、法人税基本通達４－１－６又は９－１－14には同族株主の判定時期について特段の定めはないが、買主である法人の立場、すなわち譲渡後の議決権割合で判定すると解するのが合理的であると思われる。したがって、税務リスクを勘案せずに、売主にとっての時価である配当還元価額で売買すると、売主に対するみなし譲渡課税は生じないと考えられるが、買主である支配法人にとっては、時価に比して低額での譲受けに該当するため、時価（原則的評価方式）と取引価額との差額が受贈益として益金算入され（法法22②）、法人税等が課されることになる。

に過ぎないことを強調しつつ、「…所得税基本通達59－６は、評価通達の「例により」算定するものと定めているので、相続税と譲渡所得に関する課税の性質の相違に応じた読み替えをすることを想定して」いると示した。また、宮崎裕子判事は、「通達の文言をいかに文理解釈したとしても、その通達が法令の内容に合致しないとなれば、通達の文理解釈に従った取扱いであることを理由としてその取扱いを適法と認めることはできない。このことからも分かるように、租税法の法令解釈において文理解釈が重要な解釈原則であるのと同じ意味で、文理解釈が通達の重要な解釈原則であるとはいえないのである。」と言及している。

❸ 法人売主－個人買主（185ページ表「属性別パターン」⑨～⑫の取引類型）

売主が法人、買主が個人である場合

売主＼買主		個人	
		支配	少数
法人	支配	原則的評価方式（所基通） ⑨ 原則的評価方式（法基通）	配当還元方式（所基通） ⑩ 原則的評価方式（法基通）
	少数	原則的評価方式（所基通） ⑪ 配当還元方式（法基通）	配当還元方式（所基通） ⑫ 配当還元方式（法基通）

法人が個人に対して非上場株式を譲渡する場合、売主である法人側では、その取引価額がいくらであるかにかかわらず、法人税法61条の２第１項１号により「通常得べき対価の額（時価）」で譲渡したものとして課税関係が整理されることになる。この場合における非上場株式の評価方法は、法人税基本通達２－３－４により、法人税基本通達４－１－５、４－１－６の定めに基づき行われる（法人税法上の時価）。

また、買主である個人側では、所得税基本通達36－36において、法人（使用者）が役員等に有価証券を支給する場合におけるその有価証券の価額を、所得税基本通達23～35共－９の取扱いに準じて評価することを定めている。但し、この取扱いは、あくまでも給与所得課税が問題となる場面（法人が役職員に対して株式を取得させる場面）に限定されたものであり、その他の所得については個別の定めがない点に留意を要する。

また、所得税基本通達23～35共－９を準用する場合に、売主にとっての評価方法を定めた所得税基本通達59－６を買主についても適用し得るかという問題が生じる。この点、東京地判令和４年２月14日公刊物未登載では、非上場会社の取締役が当該会社から時価に比して低額で自己株式の処分を受けた事案において、当該取締役が会社から受けた経済的利益の価額を算定するに際し、「所得税基本通達59－６に準じた一定の条件を付した上で、評価通達178から189－７までに定める例によるべきとすることにも合理性がある」と判示している。もっとも、同裁判例では、売主の譲渡所得の計算に関する規定である所得税基本通達59－６を、買主の所得計算においても適用する具体的な根拠については言及しておらず、また、給与所得以外の所得については同裁判例の射程外であるため、実際に買主における所得金額（経済的利益の価額）を算定する場合には慎重な判断が必要になるだろう。

以上を前提にすると、⑨及び⑫の取引類型は、原則として売主と買主の評価が一致することになるため、税務上の問題が生じないと考えられる。一方、⑩の取引類型は、売主が法人税法上の時価（原則的評価方式）、買主が所得税法上の時価（配当還元方式）となり、売主と買主で一物二価の問題が生じ得る。

⑪の取引類型は、⑩の取引類型とは売主・買主の属性が逆転しており、売主が法人税法上の時価（配当還元方式）、買主が所得税法上の時価（原則的評価方式）となる。

❹　法人売主－法人買主（185ページ表「属性別パターン」⑬～⑯の取引類型）

売主及び買主が法人である場合

売主＼買主		法人	
		支配	少数
法人	支配	原則的評価方式 （法基通） ⑬ 原則的評価方式 （法基通）	配当還元方式 （法基通） ⑭ 原則的評価方式 （法基通）
	少数	原則的評価方式 （法基通） ⑮ 配当還元方式 （法基通）	配当還元方式 （法基通） ⑯ 配当還元方式 （法基通）

法人間で非上場株式が譲渡された場合、売主・買主ともに、法人税法上の時価で評価する点は一致するものの、⑭及び⑮の取引類型は、売主と買主で評価方法が異なるため、純然たる第三者間の取引でない限り、税務上は一物二価のギャップが埋まらない領域である。

2　株主・第三者間における適正な時価によらない場合の税務リスク

(1)　適正な時価以外による株式譲渡の課税関係

税務上、非上場株式につき、低額・高額譲渡による取引が行われた場合は、課税の問題が生じることになる。すなわち、上記1で解説したような適正な時価ではない価格で取引が行われた場合には、「時価」と「対価」との差額について、個人は所得税や贈与税、法人は法人税の課税が生じる。

適正な時価以外による取引の課税関係をまとめると、下記の表のようになる。

適正な時価以外による株式譲渡の課税関係の概要

個人間

■低額譲渡の場合

（譲渡人）

・課税されない。

・取引価額が時価の２分の１未満である場合、譲渡損がなかったものとみなされる（所法59②）。

（譲受人）

・時価と対価との差額につき、贈与税が課される（相法７）。

・取得費はみなし贈与の有無にかかわらず実際の取引価額とされる。

■高額譲渡の場合

（譲渡人）

・時価を超える部分につき、贈与税が課される（相法９）。

（譲受人）

・時価を超える部分につき、原則として取得費を構成しない。

個人→法人

■低額譲渡の場合

（譲渡人）

・時価課税(所法59①二)

※　時価の２分の１以上で譲渡する場合にはみなし譲渡所得課税は生じないが（所令169)、同族会社の場合には時価の２分の１以上で譲渡した場合であっても、同族会社の行為・計算否認規定が適用される可能性がある点に注意（所基通59－３)。

（譲受人）

・受贈益課税(法法22②)

※　譲受法人が同族会社であり、無償又は低額の譲渡により株式の価値が増加したときは、既存株主（個人）は、譲渡人から贈与を受けたとして取り扱われる点に注意（相基通９－２(一)（四))。

■高額譲渡の場合

（譲渡人）

・原則として譲渡所得(所法33)

・時価を超える部分が実質的に贈与であると認められるときは、給与所得課税

又は一時所得課税（所基通34－１(五)）（東京高判平成26年５月19日裁判所ウェブサイト）

（譲受人）

・時価を超える部分は、給与・役員報酬（法法34）又は寄附金（法法37）となる

・時価を超える部分は取得価額を構成しない（法基通７－３－１）。

法人→個人

■低額譲渡の場合

（譲渡人）

・時価課税（最判平成７年12月19日民集 49巻10号3121頁）

・時価と対価との差額につき、原則、給与･役員報酬（法法34）又は寄附金（法法37）となる。

（譲受人）

・時価と対価との差額につき、給与所得課税又は一時所得課税（所基通34－１(五)）

・贈与税は課税されない（相法21の３①一）。

■高額譲渡の場合

（譲渡人）

・益金が発生する（対価の額がそのまま益金の額）。

（譲受人）

・時価を超える部分につき、原則として取得費を構成しない。

法人間

■低額譲渡の場合

（譲渡人）

・時価課税（最判平成７年12月19日民集 49巻10号3121頁）

・時価と対価との差額につき、原則として寄附金（法法37）となる。

（譲受人）

・受贈益課税（法法22②）

■高額譲渡の場合

（譲渡人）

・益金が発生する（対価の額がそのまま益金の額）。

（譲受人）

・時価を超える部分につき、原則として寄附金（法法37）となり、資産の取得価額を構成しない。

低額譲渡又は高額譲渡の場合の各当事者の課税関係は上記のとおりであるが、以下では特に注意すべき論点について検討する。

(2) 個人から法人に対する高額譲渡

個人が法人に対して非上場株式を譲渡する場合に、取引価額が譲渡人にとっての時価を超えるときは、その超える部分の金額は譲渡所得ではなく、一律に一時所得又は給与所得として総合課税の対象になると解説されることがあるが、これは若干正確性に欠けていると思われる。例えば、オーナーの資産管理会社が従業員等の個人株主から株式を集約する場合、ある種の割り切りとして、買主における時価（原則的評価方式による法人税法上の時価）を取引価額とすることも少なくない。売主である個人からみれば、時価（配当還元価額）よりも高額で譲渡することになるが、法人に対する高額譲渡については、法令・通達に時価による譲渡があったものとみなす特別の規定は存在しないため、原則として、実際の取引価額を収入金額として所得金額を計算することになる。

但し、買主にとっての時価よりも高額で譲渡する場合等、時価を超過する部分が実質的に買主から売主に対する贈与であることが明らかであるようなケースでは、その超過する部分は資産の譲渡による所得とは解されず、一時所得又は給与所得に該当すると考えるべきであろう(60)。

(3) 法人から個人に対する低額譲渡

法人が個人に対して株式を譲渡する場合に、売主が支配株主であり、買主が少数株主であると、売主においては時価で譲渡したものとして、時価と取引価額との差額につき、原則として給与又は寄附金を支払ったものとして処

---

(60) 個人が保有するJASDAQ銘柄の株式を、当該個人が支配する法人に市場価格の約2倍で譲渡したところ、当該個人の債務弁済や税金の支払に充てるためにあえて高額譲渡を行ったものとして、買主から売主に対する贈与があったことは明らかで、時価を超える部分は一時所得に該当すると判断された事案として東京高判平成26年5月19日税資264号順号12473がある。

理されることになる。これに対して、買主である個人においては、当該個人にとっての時価（配当還元価額）よりも低い価額で株式を譲り受けた場合には、その差額について一時所得又は給与所得として総合課税に服することになる。

この点、例えば支配株主である法人が、少数株主である自社の従業員に対して非上場株式を配当還元価額（買主の時価）で譲渡する(61)と、売主においては低額譲渡に該当し、時価と取引価額との差額を給与として処理するとともに源泉徴収義務を負うことになる（法基通９－２－９）。その一方で、買主は単に株式を時価（配当還元価額）で譲り受けただけであり、その取引から経済的利益を享受しておらず、所得税は課されないと整理するのが合理的であると思われる。もっとも、その場合に、売主及び買主においてどのような税務処理を行うべきか明らかではないため、実務上は慎重な検討が求められる。

(4) 法人買主に対する低額譲渡により法人買主の株主に生じる課税関係

同族会社に該当する法人が株式を時価よりも低額で譲り受けた場合において、当該法人の株主が個人であるときは、売主から当該個人株主に贈与があったものとみなして贈与税が課される可能性があることは上記のとおりである（相法９、相基通９－２）。

他方、買主の株主が法人である場合、個人とは異なり、法人税においては、株主間で贈与があったものとみなす法令や通達が存在しないため、原則として、買主の法人株主には課税関係が生じないことになる。但し、買主の法人株主と売主との間で「取引」があると認められる場合は、既存法人株主が課税される可能性がある点に注意を要する。

オウブンシャホールディング事件（最判平成18年１月24日判タ1203号108

---

(61) 実務上は稀なケースであると思われるが、例えば、オーナー系企業の親族外役員が、創業家一族の番頭的な役割を担うために、オーナーの資産管理会社の従業員を兼務することがたまに見受けられる。

頁）では、発行会社（外国法人）が一人会社であり、かつ、既存株主（内国法人）と引受法人（外国法人）が親子関係にある事案において、最高裁は、新株の有利発行により既存株主から引受法人に著しく低額で新株の価値が移転したと認定し、既存株主への課税を認めた。

法人税法22条２項は、当事者間で「取引」が行われた場合に、益金が発生すると定めている。新株発行は、発行法人と引受法人との間の取引であって、既存株主と引受法人との間の「取引」ではないため、法人税法22条２項の適用対象ではないとも考え得るが、最高裁は、新株の有利発行による発行会社の資産価値（持分価値）の移転は、既存株主の「支配の及ばない外的要因によって生じたものではなく」、既存株主において意図し、かつ、引受法人において了解したところが実現したものということができるとして、既存株主と引受法人との間の「取引」に当たると判断した。

新株発行と株式譲渡という違いはあるものの、この最高裁判決からすると、売主と買主の法人株主との間で株式価値の移転が合意されていたといえる例外的な場合は、法人税法22条２項により、買主の法人株主に受贈益課税が生じる可能性はあるといえる。

なお、上記の例外的な取扱いは、株式の高額譲渡があった場合にも当てはまる。すなわち、買主から売主の法人株主に対して株式価値が移転することについて、両者間で合意されていたような例外的な場合には、売主の法人株主において受贈益課税を受ける可能性がある。

3　株主・発行会社間における適正な時価によらない場合の税務リスク

これまでは株主と第三者との株式取引に関する税務リスクについて説明してきた。これに対し、株主と発行会社との株式の取引については、既存株主との関係で、やや特殊な税務リスクが考えられるため、以下で別途解説する。

⑴ 自己株式取得の場合の株式の時価と税務リスク

自己株式取得における場合の評価方式

売主＼買主		発行会社
		支配
個人	支配	⑰ 売主：原則的評価方式（所基通）／買主：原則的評価方式（法基通）
個人	少数	⑱ 売主：配当還元方式（所基通）／買主：原則的評価方式（法基通）
法人	支配	⑲ 売主：原則的評価方式（法基通）／買主：原則的評価方式（法基通）
法人	少数	⑳ 売主：配当還元方式（法基通）／買主：原則的評価方式（法基通）

発行会社が株主から自己株式を取得する場合の非上場株式の評価方法は、売主が個人の場合、譲渡前の議決権比率で同族株主の判定を行うことになる（措通37の10・37の11共－22)。したがって、個人が法人に対して非上場株式を譲渡する取引類型（⑤〜⑧）と同様に、売主が譲渡前において支配株主

である場合には、所得税法上の時価（原則的評価方式）、少数株主である場合には、所得税法上の時価（配当還元方式）で評価されることになる。

法人が売主となる場合は、譲渡前と譲渡後のいずれの議決権割合で判定するか明示上の定めはないが、法人税では常に売主である法人にとっての時価取引が求められているため（法法61の２①一）、上記の取引類型（⑨～⑫・⑬～⑯）と同様に、譲渡前で判定することが合理的であると考えられる。したがって、法人である売主が、株式譲渡前において支配株主である場合には、法人税法上の時価（原則的評価方式）、少数株主である場合には、法人税法上の時価（配当還元方式）で評価されることになる。

一方、発行会社にとって、自己株式取得は損益取引ではなく、資本等取引に該当するため（法法22⑤）、発行会社の課税関係に限れば、適正な時価によるかどうかは直ちに問題になることはない。すなわち、自己株式の取得により、発行会社で減少する資本金等の額及び利益積立金額は、実際に対価として交付した金銭等をもとに計算されるため（法令８①二十・９①十四）、当該対価が時価と乖離した場合であっても、その差額は発行会社の課税関係に影響を与えないことになる。

但し、自己株式取得の対価が時価に比して著しく低い場合には、発行会社の他の株主に相続税法９条によるみなし贈与が適用される可能性がある。ここで問題となるのが、誰にとっての「時価」に比して著しく低い価額であるかという点である。本来であれば、利益を受ける主体である他の株主を基準にすべきと思われるが、他の株主は自己株式取得の取引当事者ではないため、買主である発行会社における時価を基準にするほかない。もっとも、発行会社を中心とした同族株主の判定方法は財産評価基本通達に何ら定めが置かれていない。財産評価基本通達188項によれば、発行会社はいずれの株主の同族関係者にも該当せず（法令４）、かつ、発行会社は自己株式について議決権を有しないこととされているため（会社法308②）、同族株主の判定上、自己株式を取得する場合における発行会社は、文理上、同族株主になり得ないことになる(62)。そうすると、自己株式取得の場面においては、発行会社は常に同族株主以外の株主として、配当還元方式を適用することができるのかという疑問が生じる。

この点について、実務上は、発行会社が同族株主に該当するものとして、法人税法上の時価（原則的評価方式）で評価することが多いと思われる。これは、自己株式取得に起因してみなし贈与が適用されるのは、発行会社が同族会社である場合に限定されており（相基通９－２）(63)、同族株主が存する法人（発行会社）は、事実上当該同族株主と意思を同一にするのが通常であるから、同族株主に準じて取り扱うことが合理的であると考えられるためである。これに対し、実務では稀なケースであるが、発行会社が同族会社に該当しない場合には、他の株主に対するみなし贈与課税のリスクが高くないと考えられるため、売主における税務リスクのみを検討すれば足りる。

以下では、適正な時価以外による自己株式取得の課税関係を整理した上、売主､発行法人及び既存株主といった各当事者における課税関係を解説する。

❶ 適正な時価以外による自己株式取得の課税関係の整理

適正な時価以外による自己株式取得の課税関係の概要は、下記の表のとおりである。

---

(62) 財産評価基本通達の文言上、発行法人が同族株主に該当しないことを解説したものとして､牧口晴一＝齋藤孝一『非公開株式譲渡の法務･税務』（中央経済社、第７版、2021年）252頁以下等がある。

(63) 税務当局の担当者は、相続税法基本通達９－２の適用が同族会社に限定されている理由として、利益を受けさせることについての積極的な行為を判定することが必要であり、同族会社の行為計算を否認することができるものとして相続税法64条の規定を前提にしていることを挙げている（加藤千博編『相続税法基本通達逐条解説平成22年版』（大蔵財務協会、2010年）171～172頁）。

適正な時価以外による自己株式取得の課税関係

売主

■個人の場合

（低額譲渡の場合）

・時価の２分の１以上で譲渡する場合には、交付を受けた対価を基礎に譲渡所得及びみなし配当を認識する。

・時価の２分の１未満で譲渡する場合には、時価で譲渡したものとみなして譲渡所得課税が生じるが（みなし譲渡。所法59①二、所令169）、みなし配当の計算は、実際の対価を基礎とする。

・同族会社の場合には時価の２分の１以上で譲渡した場合であっても、同族会社の行為・計算否認規定が適用される可能性がある点に注意（所基通59－３）。

（高額譲渡の場合）

・原則として、（時価を超える部分を含む）交付を受けた対価を基礎として譲渡所得及びみなし配当を認識する。

・但し、例外的に、個人の既存株主から贈与があったものとして贈与税課税を受ける可能性がある（相法９）。

■法人の場合

（低額譲渡の場合）

・発行法人に時価で譲渡したものとして譲渡損益を計算し、時価と対価との差額につき、原則として寄附金認定を受ける（法法37）。

・交付を受けた対価が資本金等の額を上回る部分について、みなし配当課税を受ける。みなし配当の計算は、実際の対価を基礎とする（東京高判平成26年６月12日訟月61巻２号394頁）。

（高額譲渡の場合）

・時価を超える部分についてもみなし配当及び譲渡損益が生じると考えられ、原則として、受贈益課税を受けないと思われる。

・但し、同族会社の行為計算否認の適用がある場合に、時価を基礎としてみなし配当及び譲渡損益の計算がされ、時価を超える部分は受贈益課税を受ける可能性がある。

発行法人

（低額譲渡の場合）

・資本等取引であるため、原則として課税なし。

・但し、時価と交付した対価との差額につき贈与を受けたとして、受贈益課税を受けるリスクあり。

(高額譲渡の場合)

・資本等取引であるため、原則として課税なし。

・但し、時価を超えて交付した部分につき贈与したとして、寄附金認定を受けるリスクあり。

既存株主※

■個人の場合

(低額譲渡の場合)

・原則として課税関係なし。

・但し、発行会社が同族会社であり、無償又は低額の譲渡により株式の価値が増加したときは、既存株主（個人）は、売主から贈与を受けたとして取り扱われる可能性がある（相基通9-2(一)四)）。

(高額譲渡の場合)

・原則として課税関係なし。

・但し、売主法人が同族会社であり、無償又は低額の譲渡により株式の価値が増加したときは、既存株主（個人）は、売主から贈与を受けたとして取り扱われる可能性がある（相基通9-2(一)四)）。

■法人の場合

(低額譲渡の場合)

・原則として課税関係なし。

・但し、例外的に、売主法人との間で、株式の価値を移転させる旨の合意があると認められる場合、受贈益課税を受けるリスクあり。

(高額譲渡の場合)

・原則として課税関係なし。

・但し、例外的に、発行法人との間で、株式の価値を移転させる旨の合意があると認められる場合、受贈益課税を受けるリスクあり。

※　低額譲渡の場合は発行会社の既存株主、高額譲渡の場合は売主法人の既存株主のことを指す。

❷　売主の課税関係

自己株式の取得は、発行法人にとっては資本等取引であるが、売主にとっては通常の資産の譲渡であるため、法人に対して株式を低額譲渡又は高額譲渡した場合と同様の課税関係となる。

ここで問題となるのが、売主である個人又は法人が株式を時価で譲渡したものとされた場合に、みなし配当の金額も時価に引き直して再計算すべきかという点である。この点、所得税法25条１項及び法人税法24条１項は、みなし配当の金額について、実際に売主が交付を受けた金銭等の金額を基礎に計算することを定めている。また、東京高判平成26年６月12日訟月61巻２号394頁では、みなし配当額は実際に払戻しがあった額を基礎に算定するのが相当であるという判断を示していることから、自己株式の低額譲渡又は高額譲渡があったとしても、みなし配当の金額は実際に交付された金銭等の金額を基礎に計算されることになると考えられる。

❸ 発行法人の課税関係

平成18年に施行された会社法において、自己株式の取得は、剰余金の配当と同様に、会社の財産が社外流出したと見ざるを得ないことから(64)、自己株式は資産の部に計上されず、純資産の部の控除項目として整理された（会社計規76②五）。この会社法の整理にあわせて、法人税法においても、自己株式を有価証券から除外し（法法２二十一）、資産とは認めないこととした。したがって、発行法人にとって、自己株式の高額取得又は低額取得の場合であっても、通常の資産の適正な時価以外による取引と異なり、資本等取引に該当するため損益は生じず、課税関係は発生しないと考えられる。

一方で、自己株式が有価証券から除外されてもなお、平成18年度税制改正前の課税関係から変更はないとの見解もみられる(65)。しかし、この取扱いは、平成18年度税制改正後の法人税法とは整合しにくいように思われる。

もっとも、自己株式の売買価額を時価と異なる金額としたことが、何らかの利益移転を目的とした損益取引と資本等取引とを抱き合わせにした結果であると認められるといった例外的な場合には、売買価額を時価に引き直したところにより課税関係が整理されるといった指摘もある点には注意が必要で

---

(64) 江頭憲治郎『株式会社法』（有斐閣、第８版、2021年）270頁。
(65) 中野百々造『会社法務と税務』1453頁は平成18年度税制改正前と同様の記載になっている。

ある[66]。但し、かかる課税は、同族会社の行為･計算の否認規定（法法132①）が適用されるような例外的な場合に限り認められるべきであろう。

❹　既存株主の課税関係

自己株式の取得は、発行法人と売主との相対取引であって、その他の株主は取引当事者にはならないため、原則として課税関係は生じない。しかし、自己株式の低額取得の場合、その他の株主の株式価値は増加する。一方、自己株式の高額取得の場合、発行法人の財産が売主に流出するため、その他の株主の株式価値は減少する。

そこで、既存株主が個人の場合には、自己株式を譲渡した個人から経済的利益の贈与を受けたものとみなして、贈与税が課される可能性がある（相法9、相基通9－2）。これに対して、既存株主が法人の場合には、個人とは異なり、贈与があったとみなす規定は存在しないため、原則として課税関係は生じないと考えるべきであろう。但し、売主との間で、株式価値を移転させる旨の取引があったと認められるような例外的な場合に限り、既存法人株主に課税関係が生じる可能性もあると思われる。もっとも、その他の株主が課税される事案は、オウブンシャホールディング事件[67]のような相当特殊な事案に限られると思われる。

以上の課税関係は、低額譲渡を前提にしているが、自己株式の高額譲渡があった場合にも既存株主を含む取引当事者に課税が生じる可能性がある。高額譲渡の場合は、下記表で示すように、他の株主から売主に対して経済的利益の移転が起こっており、低額譲渡とは利益の贈与者・受贈者が入れ替わっている点に注意を要する。

---

(66)　由比祝生編『平成19年度版　税務相談事例集』（大蔵財務協会、2007年）100頁参照。
(67)　最判平成18年１月24日判タ1203号108頁。

低額譲渡・高額譲渡の場合の株主間の利益の移転

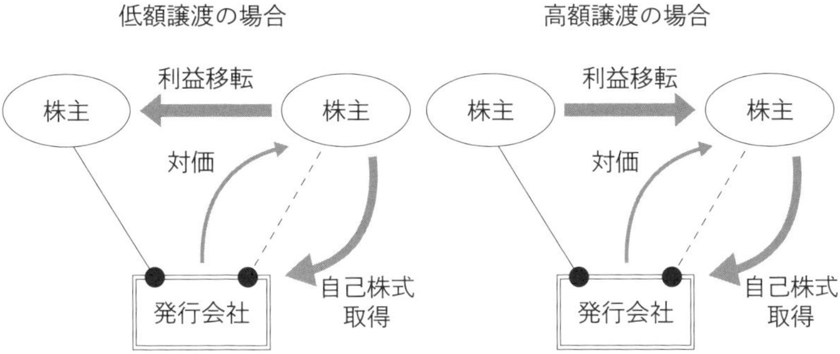

(2)　第三者割当増資の場合の株式の時価と税務リスク

第三者割当増資により株式を取得した個人における当該株式の時価は、所得税基本通達23～35共－９により、法人が取得した株式の時価は、法人税基本通達２－３－９により同通達４－１－５及び４－１－６を準用して評価することになると考えられる。この場合、株式の引受人を基準にして増資後の議決権割合で同族株主の判定をすることになる。その点では、同族株主の判定時期が取引の前と後で異なるものの、評価方法は自己株式取得の場合の図表（203－204ページ）と同様になると思われる。

❶　適正な時価以外による新株発行の課税関係

この新株引受けにつき、有利発行（株式の時価よりも低額で新株を発行する）又は不利発行（株式の時価よりも高額で新株を発行する）となる場合、新株を発行する法人（以下「発行法人」という）､新株を引き受ける法人（以下「引受法人」という）及び既存法人株主はいかなる課税を受けるか、という点について本項で概説する。

なお、会社法上、不利発行にかかる直接の規制はそもそも存在せず、また有利発行規制も株主総会の特別決議を得ることによりクリアされるが、税法上は、いずれの場合であっても下記のとおり一定のリスクを抱えることになる。

適正な時価以外による新株発行

発行法人
（有利発行の場合） ・資本等取引であるため、原則として課税されない。 ・但し、発行法人が引受法人に対して時価と払込金額との差額につき贈与したとして、寄附金認定を受けるリスクあり。 （不利発行の場合） ・資本等取引であるため、原則として課税されない。 ・但し、発行法人が引受法人から時価を超える部分につき贈与を受けたとして受贈益課税を受けるリスクあり。
引受人
■個人の場合 （有利発行の場合） ・時価と払込金額との差額について所得税が課される。有利発行かどうかは、払込金額を決定する日における時価との差額が概ね10%以上かで判断される（所基通23～35共－７）。 ・有利発行による経済的利益は、原則として一時所得となり、引受人が発行法人の従業員等の場合には給与所得、退職に起因する場合は退職所得に該当する（所基通23～35共－６⑶）。 ・但し、発行法人の他の株主から贈与があったものとみなして、贈与税が課される可能性がある（相法９）。 （不利発行の場合） ・時価を超える部分につき、原則として取得費を構成しない（所令109①一、118②）。 ■法人の場合 （有利発行の場合） ・時価と払込金額との差額について受贈益として法人税が課される。有利発行かどうかは、払込金額を決定する日における時価との差額が概ね10%以上かで判断される（法基通２－３－７）。 ・但し、引受法人が発行法人の株主として株式を引き受けた場合であって、発行法人の他の株主に損害を及ぼすおそれがないと認められる場合を除く。

（不利発行の場合）

・払込金額が新株の取得価額となる（法令119①二）。

・但し、同族会社の行為計算否認により、株式の取得価額の一部が寄附金として否認される可能性がある。

既存株主

■個人の場合

（有利発行の場合）

・原則として課税されない。

（不利発行の場合）

・引受人が個人である場合、贈与があったものとみなして贈与税が課される可能性がある（相法9）。

・引受人が法人である場合、原則として贈与税、所得税は課されないが、同族会社の行為計算否認により、所得税が課される可能性がある。

■法人の場合

（有利発行の場合）

・原則として課税されない。

・但し、例外的に、引受法人との間で、株式の価値を移転させる旨の合意があると認められる場合、時価課税及び寄付金認定を受けるリスクあり。

（不利発行の場合）

・原則として課税されない。

・但し、例外的に、引受法人との間で、株式の価値を移転させる旨の合意があると認められる場合、受贈益課税を受けるリスクあり。

❷ 有利発行の場合

ア　発行法人の課税関係

新株発行は、発行法人の資本金等の額を増加させる取引であるため（法令8①一)、有利発行の場合であっても、原則として、損益取引ではなく資本等取引（法法22⑤）に該当し、益金の額又は損金の額を増減させることはなく、発行法人の所得に影響はないと考えられる。

しかし、かかる有利発行が発行法人から引受法人に対する恣意的な利益の移転と認められる場合には、時価で新株を発行したのち、時価と払込価額との差額につき発行法人が引受法人に対して贈与したものとして、同族会社の行為・計算否認規定（法法132①）を適用する等の方法により、寄附金認定を受ける余地もないわけではない(68)。

イ　引受人の課税関係

有利発行の場合において、引受人が個人であるときは、株式の時価と払込金額との差額について所得税が課される（所法36、所基通36－15）。有利発行かどうかは、原則として、株式の時価に比して社会通念上相当と認められる価額を下回る金額であるかどうかで判断されるが、具体的には、払込金額を決定する日における時価と払込金額との差額が概ね10%相当額以上かどうかという判断基準が示されている（所基通23～35共－7、東京地判令和４年12月21日公刊物未搭載）。

有利発行と判断された場合に認識される所得は、発行法人と引受人との関係等に応じて決せられるが、原則は一時所得に分類するものとされ、引受人が発行会社の従業員等である場合には給与所得とされる。但し、引受人の退職に起因して当該株式を取得する権利が与えられたと認められるときは例外的に退職所得に分類されることになる（所基通23～35共－6）。

以上の整理に加えて、同族会社が既存個人株主の親族等に対して新株を有利発行した場合には、その有利発行について、給与所得又は退職所得として取り扱われる場合を除き、株主間で贈与があったものとみなして贈与税が課されることになる（相法９、相基通９－６）。なお、この取扱いは、相続税法基本通達９－２とは異なり、経済的利益を受ける引受人を既存個人株主の親族等に限定している点に注意する必要がある。

これらの課税関係をまとめると以下のとおりである(69)。

---

(68)　新株発行と同様である自己株式の処分につき、発行法人が寄附金認定を受けるとする見解として、T&Amaster No315（2009年）38頁参照。

(69)　森田哲也編『相続税法基本通達逐条解説』（大蔵財務協会、令和２年11月改訂版、2020年）161頁。

① 給与所得又は退職所得として所得の課税対象とされるもの……旧株主と新株又は自己株式を引き受けた者とが親族等の関係にあるかどうか、また、発行会社が同族会社であるかどうかに関係なくその募集株式引受権の利益を給与所得又は退職所得として与えられた場合
② 贈与により取得したものとして贈与税の課税対象とされるもの……①に該当しない場合で、旧株主と新株又は自己株式を引き受けた者が親族等の関係にあり、かつ、その発行会社が同族会社であるとき
③ 一時所得として課税されるもの……①及び②のいずれにも該当しない場合

次に、引受人が法人である場合、引受法人は、通常よりも低額で株式を取得していることから、原則として、払込日における時価と払込金額との差額が受贈益であると認識されて課税される（法法22②、法令119①四・二）。税務上の有利発行かどうかは、基本的には所得税と同様の判断基準が定められている（法基通２－３－７）。この点が争点となった近時の事例として、神鋼商事事件[70]がある。

一方、引受法人の払込金額が株式の時価を下回っていたとしても、引受法人が発行法人の株主として株式を引き受けた場合であって、発行法人の他の株主等に損害を及ぼすおそれがないと認められる場合には、引受法人は課税されない（法令119①四・二）。発行法人の他の株主等に損害を及ぼすおそれがないと認められる場合とは、株式の内容及び数に応じて株式が平等に割り当てられ、種類の異なる株式との間においても経済的な衡平が維持される場合をいうとされている（法基通２－３－８）。

第三者割当てによる新株発行においては、一人会社である発行会社が

---

(70) 最決平成29年２月24日税資267号順号12983（控訴審：東京高判平成28年３月24日税資266号順号12832、第一審：平成27年９月29日判タ1429号181頁）。

当該株主に対して株式を割り当てるような場合を除き、既存株主に株式が平等に割り当てられないため、発行法人の既存株主等に損害を及ぼすことになり、法人税法施行令119条1項4号の要件を満たさない。したがって、引受法人は、時価と払込金額の差額につき、受贈益課税を受けることになる。

ウ　既存株主の課税関係

新株発行は、原則として、発行法人と引受人との間の取引であるため、既存株主が課税されることはない。

既存株主が個人の場合、所得税法上、引受人に移転した利益相当の譲渡があったものとみなして課税する個別規定が存在しないため、原則として課税関係は生じないものと考えられる。

一方、既存株主が法人の場合には、既存株主と引受人との間で「取引」があると認められると、既存株主において、例外的に、引受人に移転した利益相当を時価で譲渡し、同額の寄附金を支出したと認定される可能性がある点に注意が必要である（上記オウブンシャホールディング事件参照）。

❸　不利発行の場合

ア　発行法人の課税関係

新株の有利発行と同様に、発行法人にとっては、不利発行の場合であっても、原則として資本等取引（法法22⑤）に該当し、益金の額又は損金の額を増減させることはなく、発行法人の所得に影響はないと考えられる。

しかし、引受人が法人であり、かかる不利発行が引受法人から発行法人に対する恣意的な利益の移転と認められる場合には、時価で新株を発行したのち、引受法人が発行法人に時価を超える部分につき贈与したものとして、同族会社の行為・計算否認規定（法法132①）を適用する等の方法により、発行法人に時価を超える部分につき受贈益課税を受ける余地もないわけではない。

イ　引受人の課税関係

不利発行の場合、有利発行と異なり、所得税法施行令及び法人税法施行令等において有価証券の取得価額に関する特別の規定はない。したがって、不利発行の場合には、原則として、発行法人に対する払込金額がそのまま有価証券の取得価額になると考えられる（所令109①一、法令119①二)。

但し、時価を超える払込金額は新株の取得価額とならず、寄附金になると認定したと評価できる裁判例がある点に注意が必要である。

すなわち、裁判所は、約577億円の債務超過の会社に対して、１株の額面金額50円の株式を１株100万円で約53,000株引き受けた事案（相互タクシー事件(71)）において、「１株50円を超える部分は法人税法上の寄附金に該当する」と判断し、取得価額に含まれないと判断した。また、同種の事案であるスリーエス事件(72)では、同族会社の行為計算否認規定である法人税法132条１項を適用し、時価を超えて払い込んだ価額は取得価額とならないと判断した。

上記の二つの事例のうち、相互タクシー事件は、事案がかなり特殊であり、また、現在では額面金額の制度は廃止されているため、先例としてみるには疑問があるが(73)、スリーエス事件は先例価値があるように思われる。

仮に、時価を超える払込金額が新株の取得価額とならないと認定された場合は、引き受けた有価証券の取得価額が低くなるため、当該有価証券を将来譲渡するときの譲渡益が増加することになる。

ウ　既存株主の課税関係

引受人及び既存株主が個人で、かつ、発行法人が同族会社である場合

---

(71)　福井地判平成13年１月17日、名古屋高裁金沢支部平成14年５月15日。
(72)　東京地判平成12年11月30日、東京高判平成13年７月５日。
(73)　岡村忠生「発行価額を超える新株払込みと寄附金－相互タクシー事件」水野忠恒・中里実・佐藤英明・増井良啓編『租税判例百選』（有斐閣、第４版、2005年）116頁以下。

には、不利発行により引受人から既存株主へ贈与があったものとして、株式価値が増加した部分につき、贈与税を課せられる可能性がある（相法9）。

他方、法人税法においては、相続税法のように、株主間での贈与があったものとみなすといった取扱いを定めた法令や通達はない。この点、既存株主は、引受人から増加した株式価値を無償で譲り受けたとして、株式価値の時価相当額の益金が発生し、受贈益課税を受けるとの見解もありえよう。しかし、上記有利発行の場合と同様、既存株主と引受人との間で株式価値の移転が合意されていたといえる例外的な場合に限り、そのような課税関係が生じると考えるべきであろう（上記オウブンシャホールディング事件参照）。

■編著者プロフィール

小山　浩

弁護士法人森・濱田松本法律事務所　高松オフィス代表パートナー

【主な経歴等】

2001年　早稲田大学法学部卒業、2003年　早稲田大学法学研究科修了、2006年　中央大学法科大学院修了、2007年　弁護士登録、2014年　米国ミシガン大学ロースクール修了（LL.M., International Tax）。

東京国税局調査第一部調査審理課にて国際調査審理官として勤務（2016年～2018年）。

【主な著作】

『税務・法務を統合したM&A戦略』（中央経済社2022年）、『事業承継型M&Aの法務・税務戦略』（中央経済社2021年）、『ウェルス・マネジメントの法務・税務』（税務経理協会2020年）、『「取引」の実態からみる税務調査のポイントQ&A』（第一法規 2018年）ほか。

間所　光洋

森・濱田松本法律事務所　パートナー

【主な経歴等】

2001年　成蹊大学法学部卒業、2011年　税理士登録。

【主な著作】

『一族内紛争を予防･解決するファミリーガバナンスの法務･税務』（共著、中央経済社、2023年）『設例で学ぶ オーナー系企業の事業承継・M&Aにおける法務と税務（第２版）』（共著、商事法務、2022年）、『ウェルス・マネジメントの法務・税務』（共著、税務経理協会、2020年）、『変わる事業承継』（共著、日本経済新聞出版社、2019年）ほか。

■執筆者プロフィール

髙橋　悠

森・濱田松本法律事務所　シニアアソシエイト

【主な経歴等】

2009年　東京大学法学部卒業、2011年　東京大学法科大学院修了、2012年　弁護士登録、2020年　スタンフォード大学ロースクール修了、Shearman & Sterling外国法事務弁護士事務所（ニューヨークオフィス）にて執務（2020年～2021年）、2021年　ニューヨーク州弁護士登録。

【主な著作】

『有償で付与される譲渡予約権およびストック・オプションの法務・税務上の留意点　―株式報酬等に代わる新たな仕組み・令和元年会社法改正も踏まえて―』（旬刊商事法務 No.2288、2022年、共著）、『税務・法務を統合したM&A戦略［第３版］』（中央経済社 2022年、共著）、「MBOにおける特別委員会の検証と設計（上）（下）」（金融・商事判例 No.1424－1425、2013年、共著）等。

飯島　隆博

森・濱田松本法律事務所　シニアアソシエイト

【主な経歴等】

2012年　東京大学法学部卒業、2013年　東京大学法科大学院中退、2014年　弁護士登録、2015年　東京大学法科大学院未修者指導講師（～2019年、2021年～）、2018年　信託法学会（～現在）、2019年　国際租税協会（International Fiscal Association）（～現在）、2020年　ハーバード大学ロースクール修了。公益社団法人日本証券アナリスト協会検定会員。

【主な著作】

『M&A法大系［第２版］』（有斐閣 2022年、共著）、『設例で学ぶ オーナー系企業の事業承継・M&Aにおける法務と税務［第２版］』（商事法務 2022年、共著)、『ウェルス・マネジメントの法務・税務』(税務経理協会 2020年、共著)、『Q&A タックスヘイブン対策税制の実務と対応』(税務経理協会 2019年、共著)、『変わる事業承継』(日本経済新聞出版社 2019年、共著)、『税務訴訟』(中央経済社 2017年、共著) ほか。

末長　祐

弁護士法人森・濱田松本法律事務所　名古屋オフィス　法人シニアアソシエイト

【主な経歴等】

2010年　早稲田大学法学部卒業、2012年　東京大学法科大学院修了、2015年　弁護士登録。東京大学法科大学院未修者指導講師 (2018年～2021年)。

【主な著作】

『新アプリ法務ハンドブック』(日本加除出版 2022年 共著)、『Q&A医療法人を取り巻くリスクとコンプライアンス―ガバナンス強化と法務・税務・会計・労務』(大蔵財務協会 2016年 共著) ほか。

山岡　孝太

弁護士法人森・濱田松本法律事務所　名古屋オフィス　法人アソシエイト

【主な経歴等】

2016年　中央大学法学部法律学科卒業、2019年　東京大学法科大学院中退、2018年　弁護士登録。

【主な著作】

『2021・2022年版　年間労働判例命令要旨集』(労務行政 2021～2022年 共著)、『機関投資家に聞く』(商事法務 2022年 共著)、「The Employment Law Review 13th Edition - Japan Chapter」(Law Business Research 2022年 共著)、『雇用調整の基本 人件費カット・人員削減を適正に行うには』(労務行政 2021年 共著)、『機関投資家の議決権行使方針及び結果の分析〔2019年版〕・〔2020年版〕』(商事法務 2019～2020年 共著) ほか。

索　引

〔さ〕

〔た〕

〔な〕

〔は〕

〔ま〕

〔や〕

〔ら〕

非上場株式取引の法務・税務

［相続・事業承継編］

2023年7月1日　初版発行

編著者　小山浩・間所光洋

著　者　髙橋悠・飯島隆博・末長祐・山岡孝太

発行者　大坪克行

発行所　株式会社 税務経理協会

〒161-0033東京都新宿区下落合1丁目1番3号

http://www.zeikei.co.jp

03-6304-0505

印　刷　株式会社技秀堂

製　本　牧製本印刷株式会社

デザイン　株式会社グラフィックウェイヴ

編　集　吉冨智子

本書についての

ご意見・ご感想はコチラ

http://www.zeikei.co.jp/contact/

ISBN 978-4-419-06894-3　C3034